奈良 こだわりのカフェ＆お店案内

カフェ・パン・スイーツ・雑貨たち

あんぐる 著

Mates-Publishing

Contents

本書独自のエリア分けで、ならまち＆京終駅周辺、もちいどの＆奈良駅周辺、高畑、きたまち、奈良市内その他＆市外の５エリアとしています。

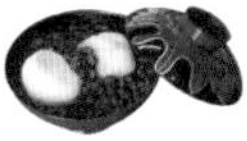

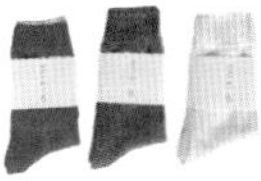

本書の使い方

お店の種類別アイコン

お盆や年末年始、その他休業日は記載していません。
公共交通機関でのアクセスのみ記載しています。

メニューの一部を紹介しています。

※本書のデータは2023年2月現在のものです。情報や価格は取材時のもので、予告なく変更される場合があります。基本的に税込料金を記載していますが、商品によっては税別の場合があります。詳細は各店でご確認ください。

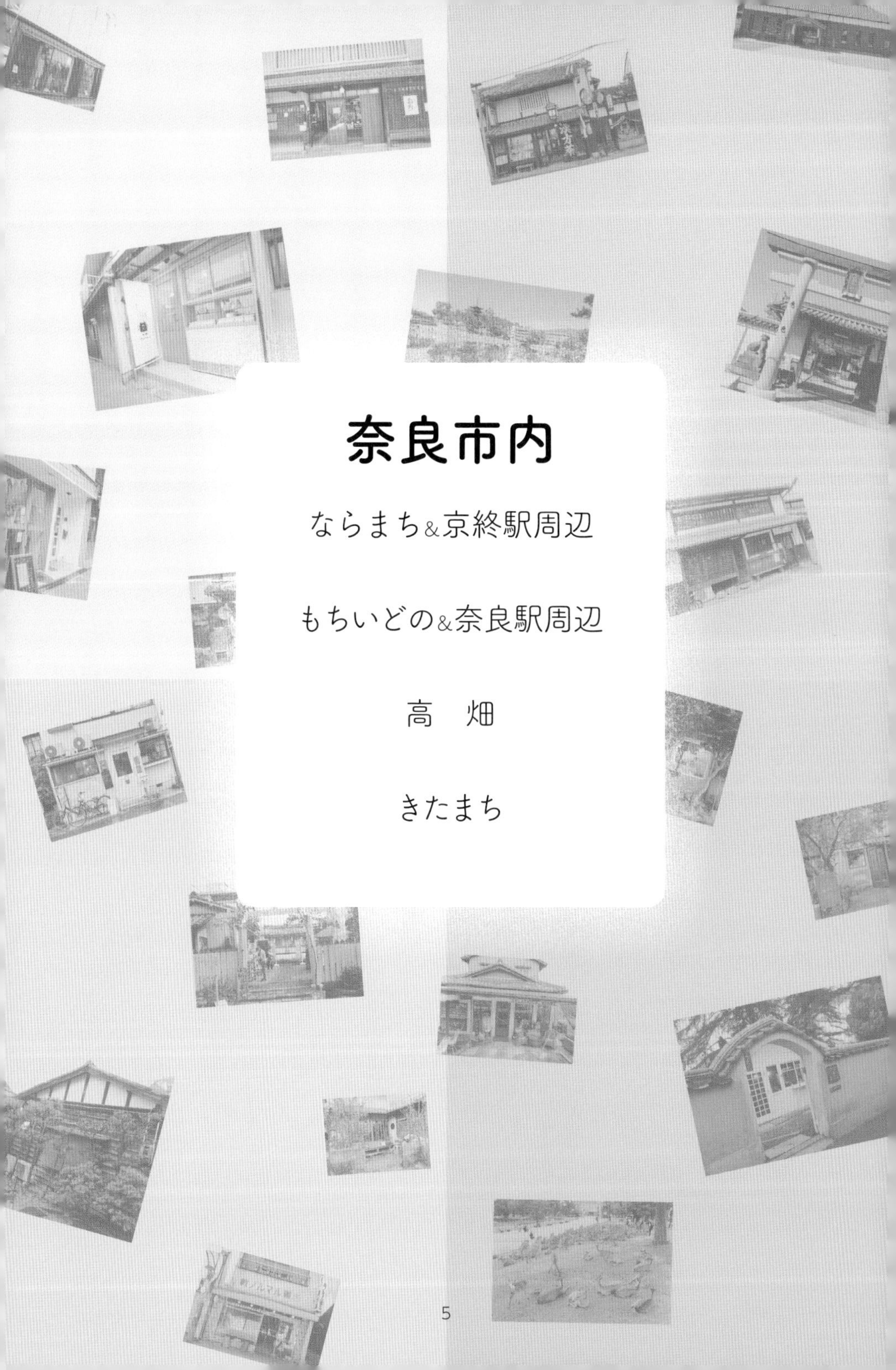

奈良市内

ならまち&京終駅周辺

もちいどの&奈良駅周辺

高　畑

きたまち

◇元興寺

日本最古の寺院である法興寺（飛鳥寺）を平城遷都にともない移築。世界遺産「古都奈良の文化財」のひとつで国宝も多数。

菊岡漢方薬局監修「鹿珈の薬膳カレー」

【菊岡漢方薬局】

創業800年、24代続く老舗漢方薬店。体質・症状に応じた漢方処方のほか、店頭には生薬配合ののど飴やハーブティーなど、気軽に手にしやすいものも。20種類のスパイスを組み合わせてオリジナルのカレー粉を作る「伽哩粉手作り体験」を実施しています(1名3,300円～、要予約)。

奈良市中新屋町 3
0742-22-6611
9:00 ～ 19:00
月曜休み
https://www.kikuoka.com/

◇御霊神社

縁結びにご利益がある末社の「出世稲荷神社」や狛犬の足に赤い紐を結ぶ「狛犬の足止め祈願」があり、祈願に訪れる人がたくさん。ハート形の願掛け絵馬や恋みくじも人気。

足止めの狛犬みくじ

ならまち & 京終駅周辺

【ふうせんかずら】

ならまちにある無人書店。セレクトされた古本や新刊が並んでいます。メンバー登録後、専用 ID を取得して利用。スタッフが在店するカギ開放 DAY や、キッチンにおむすび屋さんなどが出店する日もあり、本＋αの楽しみも。詳しくは HP をチェック。

奈良市東城戸町 32-1
TEL なし
7:30 ～ 22:00
無休（臨時休業あり）
https://narabook.space/

【がま口雑貨工房 janji】

町家の店頭にかわいらしいがま口が並ぶ、ならまちの専門店。店内で製作するがま口は、ならまちに似合うネコ柄を中心に、色・柄・サイズなど種類豊富に揃います。

奈良市鳴川町 5
090-6670-2257
11:00 ～ 17:00
不定休

【旅宿古白】

仏像好きで仏像講座なども行う店主が営むゲストハウス。宿泊者以外でも、予約をすれば「秘密倶楽部」と気になる貼り紙がされた奥座敷で、宿の名物のすきやき（1 人 4,730 円、2 名～）を楽しめます。

奈良市鳴川町 10
080-4654-0584
すきやき 18:30 ～ 22:00
無休
http://nara-kohaku.com/

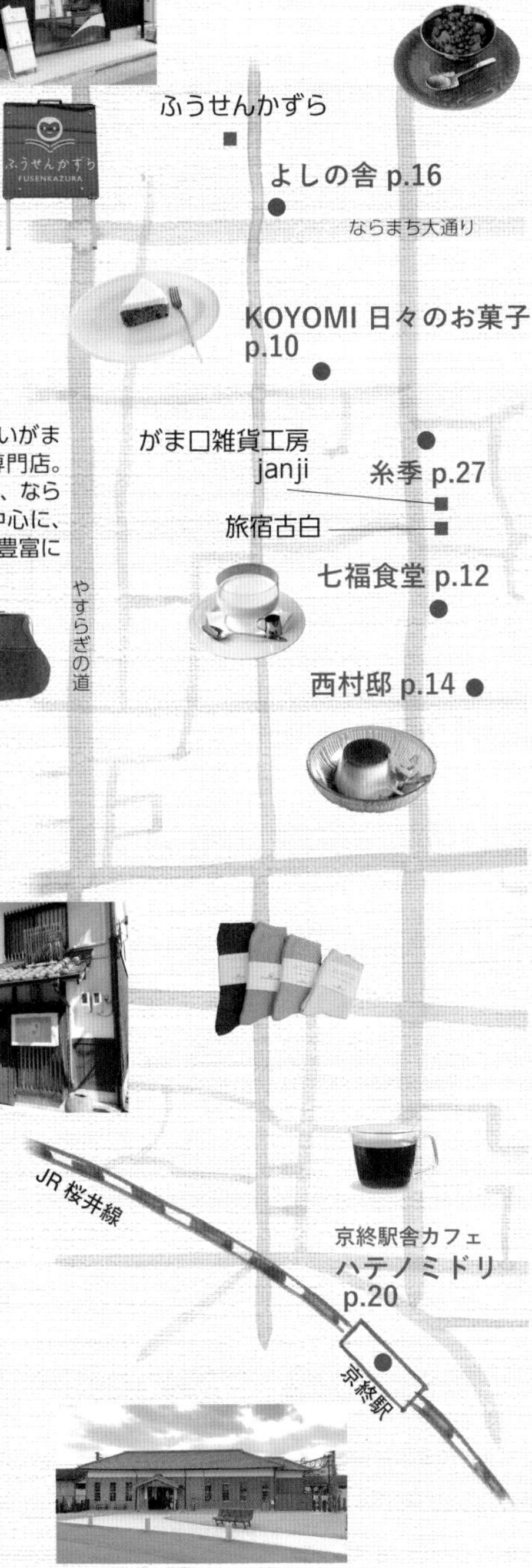

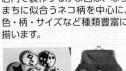

周りに飾った白玉団子やエディブルフラワーもかわいい
紫いもモンブラン1,320円

ならまち

茶樂茶
SARASA

さらさ

カフェ　スイーツ

大和茶を五感で楽しめる癒し空間

2020年、風情あるならまちの中心地にオープンした、おいしいお茶と一緒にお菓子を楽しめる店。海外旅行が趣味だった店主の石川由実子さんは、海外では、お茶の時間をとても大切にしていることを知り、日本の人にももっとゆっくりお茶の時間を楽しんでほしいと店を開くことにしました。「目の前でお茶を点てて、お湯の滴る音にくつろぎや癒し、日本の文化を感じてほしいです」と石川さん。まさに五感でお茶の醍醐味を感じることができます。お茶は抹茶、ほうじ茶、煎茶、オリジナルの煎茶ブレンドなどを用意しています。お茶も格別ならお菓子も格別です。中に入ったほうじ茶わらび餅も美味で映える一品「紫いもモンブラン」や、自分で焼いて食べる「みたらし団子を七輪で」は大人気のメニュー。落ち着いた空間で、ゆったりとした和みの時間を過ごすことができます。

抹茶を点てる時間も
非日常

▲▶カウンターのみ6席のこぢんまりとした店内　▲有機栽培のハーブをブレンドした煎茶ブレンド（3種）803円～　▶3種の特製ダレでいただく「みたらし団子を七輪で」858円

ピスタチオチュイルを添えた抹茶かき氷（7～9月）1,320円

大和抹茶を使用した抹茶ラテ792円

3煎目まで楽しめる煎茶748円

大和橘のピール入り大和茶マカロン693円

menu

◇シフォンケーキにきな粉と黒蜜をかけて・836円

◇季節の上生菓子・・・・・・・・・660円

◇水出し煎茶（4～10月）・・・・・770円

◇特選抹茶・・・・・・・・・・・・880円

information

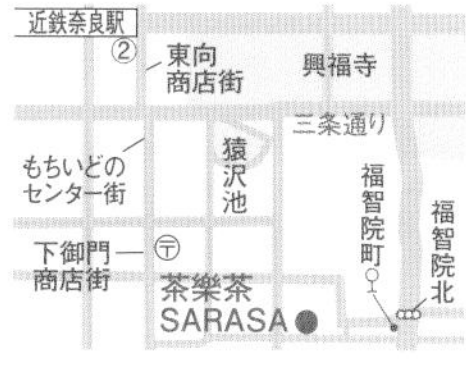

奈良市公納堂町 6
0742-95-9693
11：00～18：00LO
月・金曜休み　全席禁煙
@sarasa_naramachi

近鉄奈良駅 2 番出口より南へ 15 分
P なし

店内の窓から見えるやさしい緑と
キラキラ差し込む光も美しい

ならまち

KOYOMI 日々のお菓子

コヨミ　ひびのおかし

カフェ　スイーツ

日々食べたくなるお菓子とおいしいコーヒー

陰陽師を祀った「鎮宅霊符神社」の隣で、週に3日だけ営業する、5席だけの小さなかわいいお店です。このあたりは古くは陰陽師が住んでいた町で、店主の祖先も陰陽師だそう。窓から見える神社の森に守られているような、あたたかい空気感につつまれています。

築450年の店主の実家を改築した店内は、白を基調とした、大人っぽい雰囲気。1人か2人で、しっとりと過ごすのにぴったりです。静かな音楽が流れる空間で、おいしいお菓子とコーヒーが楽しめます。お菓子は、日々食べたくなるような、甘さ控えめで、丁寧に作られたもの。平飼い玉子、国産小麦、キビ砂糖など、材料にはこだわっています。プリン、生クリーム、コーヒーゼリー、バニラアイス、ザクザクグラノーラが積み重なったプリンパフェが大人気。さまざまな食感が楽しめるキャロットケーキもおすすめです。

コーヒーは名古屋の
喫茶クロカワの豆を使用

▲▶すっきりとした空間に、アンティークやオリジナルの家具と照明が映える
▲5席だけの小さな店内は、不思議とゆったり落ち着く
▶かわいいビジュアルのプリンパフェ 1,000円

キャロットケーキ500円

田村青芳園茶舗の和紅茶
（H）500円

タルトタタン

古都華の焼き込みタルト600円
生クリーム添え（12～2月ぐらいのみ）

menu

◇スコーン（1個）・・・・・・・・・・350円
◇タルトタタン（秋季）・・・・・・・600円
◇プリン・・・・・・・・・・・・・・500円
◇コーヒー（H）・・・・・・・・・・500円

information

奈良市陰陽町 5
TEL なし
11：30～16：30（16：00LO）
営業日／火・水・金曜　　全席禁煙
https://koyomihibinookashi.shopinfo.jp

近鉄奈良駅 2 番出口より南へ 13 分
P なし

季節の定食1,430円。自然のなりものと季節の巡りを大切に作られた、おいしいごはん

ならまち

七福食堂《しちふくしょくどう》

カフェ　雑貨

季節の巡りとならまちの風情につつまれて

幸せをお裾分けしてもらえそうな名前の食堂は、すぐ近くにある「旅宿古白」の姉妹店として2020年にオープン。印刷所をリノベーションした高い天井の明るい空間で、窓からは風情のある格子戸の町並みが見え、ゆったりとくつろげます。

人気は、季節の食材を使った定食や、季節のパルフェなどのスイーツ。メニューづくりと料理は、食養生や発酵食を学んでいた大東祐子さんが担当。肩肘張らず、生活の中で土地や季節に寄り添って作られるごはんは、溜息をつくような、じんわりしみてくるおいしさです。月替わりの定食を、毎月楽しみに訪れる人も多いそう。2カ月ごとに変わる季節のパルフェも要チェックです。直火手廻焙煎機で少量ずつ焙煎し、一杯ずつネルドリップで淹れるコーヒーのおいしさも格別。ほっとできる時間が過ごせそうです。

旅宿古白も営む
店主の境祐希さん

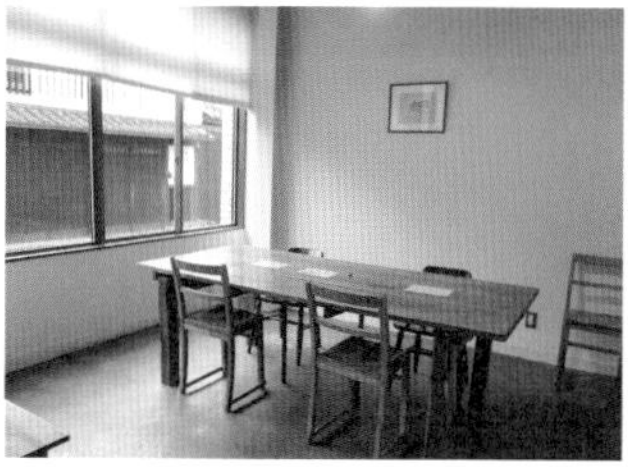

▲▶長いカウンター席の中で店主が丁寧にコーヒーを淹れる姿も見られる　▲ならまちの風景を眺めながらくつろげるテーブル席　▶季節のパルフェ（写真は苺とマスカルポーネ）1,100円

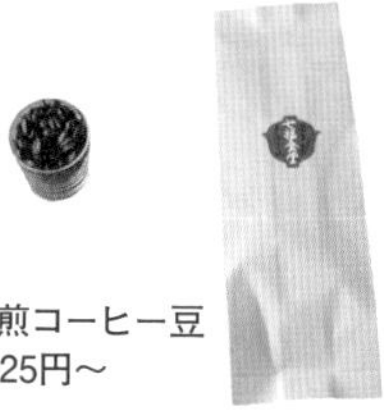

自家焙煎コーヒー豆
100g 825円〜

名物パンナコッタ495円

密造（自家製）コーラシロップ 200ml
1,100円

menu

コーヒー　550円〜

◇季節の定食（予約がベター）・・・1,430円
◇季節のパルフェ・・・・・・・・・1,100円
◇ほろ酔いセット・・・・・・・・・1,100円
◇チョコレートケーキ・・・・・・・495円

information

奈良市鳴川町 19
070-1800-0789
11：30 〜 17：30LO（定食は〜 15：00）
火・水曜休み（祝日は営業、木曜は喫茶のみ）
全席禁煙　@shichifuku.shokudo

近鉄奈良駅 2 番出口より南へ 15 分
P なし

重厚な格子戸を開けると、
どこか昔懐かしい空間が広がる

ならまち

西村邸《にしむらてい》

カフェ

おばあちゃんの家気分でほっこり

西村邸は、店主が子どもの頃に長く過ごした「おばあちゃんの家」。築100年を超える町家を生かして改装し、宿泊できる母屋と離れ、カフェスペースが誕生しました。蔵を改装したカフェは、高い天井に立派な梁があるモダンな和空間。坪庭を見ながらゆったり過ごすことができます。

食事メニューは、一汁二菜の「毎日の茶飯膳」1種類。煎り大豆を入れてほうじ茶で炊きこむ茶飯は、江戸時代から伝わる奈良の郷土料理です。味噌汁と小鉢、奈良漬がつくシンプルなお膳に、素朴なおいしさがぎゅっと詰まっています。お茶やコーヒー、お茶菓子は、店主お気に入りの奈良のお店から取り寄せたおすすめのもの。店主のお母さんの手作りクッキーも人気です。冬季には坪庭の縁側で火鉢に当たれたり、春～秋季には「ハンドドリップコーヒー体験」もできます（要予約）。

コーヒーを淹れる
店主の杉本雄太さん

▲▶月ヶ瀬産のほうじ茶で炊き上げる「毎日の茶飯膳」880円＋おかんの玉子焼き330円　▲縁側でくつろげる「えんがわ火鉢」(冬季限定)も人気　▶坪庭を眺めながら過ごせるテーブル席

凡豆のコーヒー　390円〜

KOYOMI日々のお菓子（p.10）の特製プリン。550円

お母さんの手作りクッキー

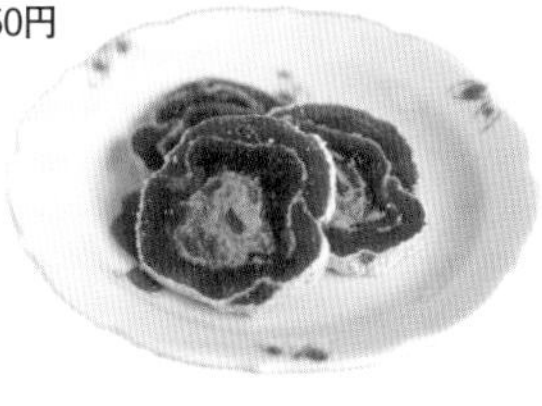

奈良の伝統的な和菓子
総本店柿須賀の「柿須賀」330円

menu

◇毎日の茶飯膳・・・・・・・・・・・880円
◇奈良町のおとりよせお菓子・・・550円〜
◇季節の自家製スイーツ・・・・・330円〜
◇自家製どくだみ茶・・・・・・・・・390円

information

奈良市花園町 20
TEL なし
11：00 〜 17：00
木曜休み、不定休　全席禁煙
https://nishimuratei.com

近鉄奈良駅 2 番出口より南へ 17 分
P なし

ならまち大通りに面した窓から、明るい光がさしこむ店内。
一人でも、誰かと一緒でもまったり過ごせる

ならまち

よしの舎

よしのや

カフェ　スイーツ

おいしい甘味を楽しみながらのんびりしたい

学生時代から大のあんこ好きで、甘いものでみんなを幸せにできたらとお店を開いた店主の光田さん。地元の人はもちろん、遠方からも定期的に通うファンがいる人気店です。「のんびりと、くつろいでもらえたらうれしい」と光田さんは話します。

北海道の小豆を使って毎日炊き上げる、自慢のあんこは3種類。丁寧に時間をかけて仕上げます。メニューは、定番のあんみつ、みつ豆、ぜんざいなどのほか、特選よしのやパフェも大人気。冬季は栗ぜんざいや餅入りぜんざい、夏季はかき氷など、季節限定メニューも見逃せません。自家製つぶあんの小倉トーストのモーニングセット（11時半～12時半）や、小さいサイズのあんみつ・みつ豆・豆かん・白玉ぜんざい（冷・温）と小倉トーストのドリンクセットなど、お得なセットメニューも豊富です。

厨房からの甘い香り
にも癒される

▲▶モーニングセットB小倉トースト&ミニ豆かん650円
▲冬季限定メニューの餅入りぜんざい700円 ▶よしの舎ならではの味が詰まった、特選よしのやパフェ1,000円

看板商品の
クリームあんみつ850円

おみやげにしたい
修道院の焼菓子330円～

おはぎ 600円

ファンの多い豆かん650円

menu

◇白玉ぜんざい（通年）・・・・・・・700円
◇かき氷・抹茶あずき（夏季）・・・・850円
◇栗ぜんざい（冬季）・・・・・・・・850円
◇抹茶ミルク・・・・・・・・・・・・550円

information

奈良市東城戸町 14-1
090-9545-0943
11：30 ～ 17：00（16：30LO）
月・火曜休み （祝日は営業） 全席禁煙
https://yoshinoya-nara.com

近鉄奈良駅 4 番出口より南へ 10 分
P なし

「カナカナごはん」1,683円。
終日提供で、メインと小鉢4品、デザート、食後のドリンク付き

ならまち

カナカナ

カフェ　雑貨

時の流れが止まる人気の古民家カフェ

築100年を超える町家をリノベーションした風情ある古民家カフェ。ならまちといえば「カナカナ」とまず名前が上がる人気のお店です。格子や土間、ガラスの入った引き戸などを昔のまま残した店内は、懐かしくもあり、ほっと和む空間です。店主の植嶋秀文さんが、「過ごしやすい空間づくりを心掛けています」と話すように、居心地のよさを一番大切にしています。

一番人気は月替わりの「カナカナごはん」。旬の素材を使って丁寧に手作りした小鉢は、どれもやさしい味。皿ごとに味がかぶらないように工夫をしているので、いつ行っても大満足な一品です。特にランチタイムを設けていないので、売り切れてなければ何時でも注文できるのがうれしいところ。おいしい料理とならまちのスローな雰囲気にぴったりの和み空間でおしゃべりもはずみ、ついつい長居をしてしまいます。

座敷24席、テーブル12席を備える

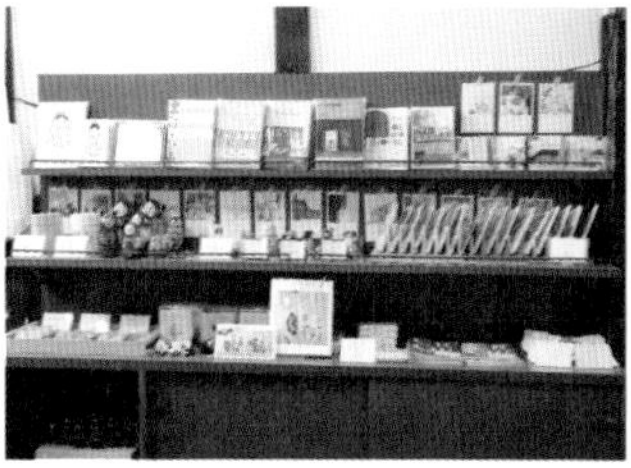

▲▶座敷席の間の土間の部分にテーブル席がある店内 ▲焼菓子や姉妹店「ボリクコーヒー」の商品、書籍なども販売している ▶北側にある座敷席の間の廊下を利用したソファ席も人気

どんぐりのような形がかわいい
コーヒー味のサブレ226円

古都華をたっぷり使った
「いちごパフェ」1,485円
(2月中旬～4月中旬)

開店当時からの人気メニュー
チーズケーキ550円

menu

◇海老のカレー・・・・・・・・・・1,045円
◇焼きプリン・・・・・・・・・・・440円
◇ハーブティ(H/I)・・・・・・・・605円
◇リンゴジュース・・・・・・・・・627円

information

奈良市公納堂町 13
0742-22-3214
11：00 ～ 19：00（18：30LO）
月曜休み（祝日は営業、翌日休）　全席禁煙
https://kanakana.info

近鉄奈良駅 2 番出口より南東へ 16 分
P なし（提携パーキングあり）

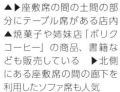

窓からホームが見える開放感のある店内。
2023年春にメニューなどをリニューアル

京終駅周辺

京終駅舎カフェ ハテノミドリ

カフェ　雑貨

窓から電車が見えるレトロな駅舎カフェ

明治時代に建てられた役務室を復元した駅舎カフェ。1時間に1〜2本電車が停まる京終《きょうばて》駅は、奈良駅の隣にあるJR桜井線の無人駅です。「1滴の水が京終の緑を育む」という思いで名付けた店名のとおり、地域に必要とされる「水」のような存在であり、街づくりの中心的な拠点となっています。

店内では、各種ドリンクや月替りの季節のスイーツ、終日オーダーできる週替わりスープのランチセットなどが楽しめます。地元奈良の焙煎所の豆を使ったコーヒーは、オーダーが入ってから豆を挽き、奈良の伝統工芸「奈良晒し」の製法で作られた麻のコーヒーフィルターを使って丁寧に淹れた、味わいのある1杯です。また、奈良県が全国シェア1位を誇る広陵町の靴下や貝ボタンなどを展示販売。伝統と新しさをミックスした地場産業の商品を手にすることができます。

麻フィルターで淹れる
ドリップコーヒー

▲▶ドリンク付きのおにぎりランチセット1,500円～
▲無人の改札を出ると、すぐ横にカフェの入口がある
▶ハテノミドリ定番のプリン500円。ちょっと固めで昔ながらの味わい

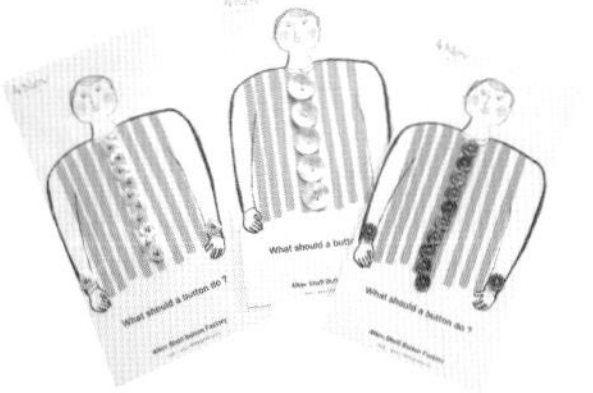

存在感のある「4Nov」の貝ボタン。1,320円～

コーヒー 550円

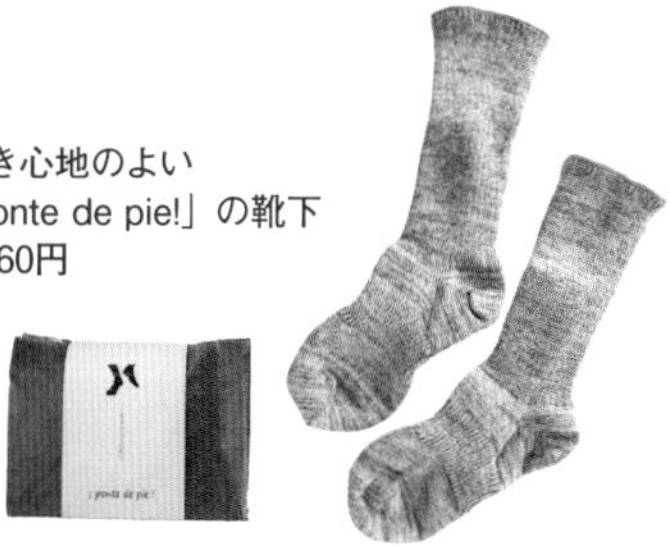

履き心地のよい「Ponte de pie!」の靴下 1,760円

スコーン600円。ハニーナッツ＆クリーム付き

menu

◇チーズケーキ・・・・・・・・・500円
◇季節のシロップソーダ割・お湯割・550円
◇チャイ（H）・・・・・・・・・・・600円
◇カフェオレ（H/I）・・・・・・・・600円

information

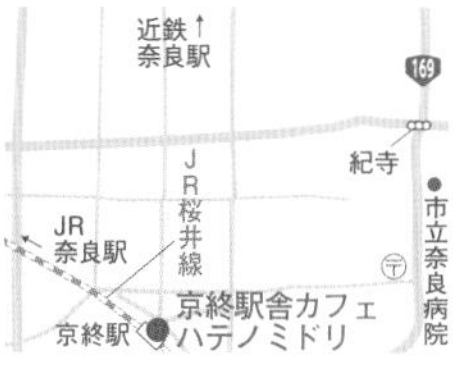

奈良市南京終町 211 京終駅舎内
070-1849-1033　11：00～17：00（16：30 LO）
水曜休み　※営業時間、休みは SNS で確認
全席禁煙
@hatenomidori

JR 桜井線京終駅舎内
P なし

靴を脱いで上がる店内は、座り込んでゆっくり見たい雑貨がたくさん

注文製作の鹿のかぶりもの。希望すれば、かぶって記念撮影もＯＫ

ならまち

山笑う雑貨店

やまわらうざっかてん

雑貨

登録有形文化財の雑貨屋さん

「山笑う」は春の季語。山に囲まれた奈良で、みんなに笑顔で楽しんでもらえるようにと付けた店名です。店舗は登録有形文化財の岡田家住宅で、靴を脱いで上がる店内には、作家作品などの雑貨が並んでいます。なかでも目を引くのが和紙で作ったキノコライト。学生時代から和紙を漉く勉強をしていた店主のせんだふみさんが、和紙で何かできないかと考えて作り始めました。お部屋のアクセントにもなるキノコのかわいらしい形と、和紙を通したやわらかい光に癒されます。キノコライトのほか、和紙のアクセサリーもせんださんの作品です。

店内奥には、大小さまざまなカゴやホーローの食器、カトラリーなど生活雑貨がたくさん。こちらもファンが多い人気商品です。

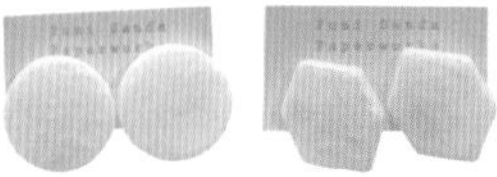

せんださんの作品、和紙のピアス＆イヤリング
各 2,700 円

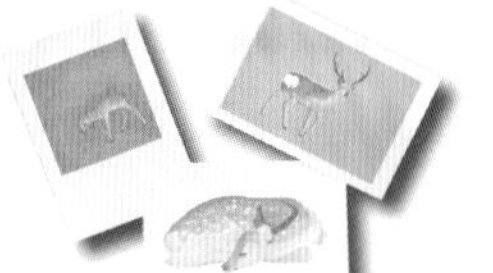

オリジナルポストカードは、木版画作家馬川亜弓さんの作品。各 150 円

やわらかい光のキノコライト。大 2,500 円、小 2,250 円

information

奈良市鵲町 13
0742-31-2839
13：00 ～ 17：00
木・日曜、祝日休み
@ya_mawarau

近鉄奈良駅 2 番出口より南へ 15 分
P なし

斬新な手づくりスイーツ

店名のコフレは、小さな箱を意味するフランス語。お気に入りをいっぱい詰め込んだ宝箱をイメージしています。来るたびにわくわくしてもらえるようなカフェにしたいと、オリジナルスイーツに、さらに手を加えてデコレーション。食事の後でも食べられるように、全体的に小ぶりなサイズで作っています。定番は、ベイクドチーズケーキやティラミス、もなかやわらび餅など、和菓子＋ヨーロッパのお菓子で和欧菓子。小さな厨房で生み出されるスイーツは、お母さんが子どもに作るおやつのような懐かしい味がベースになっています。

オープン当時から人気のフレンチトーストをはじめ、食事付きやスイーツのみのアフタヌーンティーも好評です（要予約）。

食事付きアフタヌーンティー1名2,000円～。2名以上、3日前までに要予約

ラム酒入りの卵液に漬け込んで、ふんわりと焼き上げるフレンチトースト。1,000円(ドリンク付)

ならまち

coffret café

コフレカフェ

カフェ　スイーツ

うさぎちゃんのわらび餅パフェ 500円

萌え断いちごケーキ 500円

冬季に大人気、ニット帽ケーキ 1,000円 (ドリンク付)

近鉄奈良駅２番出口より南へ15分
Pなし

information

奈良市高畑町 1097-2 ならまち工房Ⅱ ２階
TEL なし
11：00～18：00（17：00LO）
月曜休み（祝日の場合は翌日） ※SNSで確認
@coffret_cafe

紙もの雑貨、筆記用具など、1000 点以上の商品が並ぶ

オリジナルの「ならうふふ文具」コーナーは 50 アイテム以上に

ならまち

coto mono

コトモノ

雑貨

くすっと笑える雑貨ならこの店

鹿や大仏など、奈良をモチーフにしたものを中心に、気の利いた雑貨や文房具が並ぶお店。学生時代に戻ってしまいそうな懐かしくてほっこりする商品が揃います。

おすすめは、店主の東岡智恵子さんが手がけるcoto monoオリジナルの「ならうふふ文具」。奈良を楽しみ、持っていると思わずうふふと笑ってしまうような文具です。表も裏も大仏様のワンポイントが入った「大仏ペンケース」やたくさんの奈良モチーフのイラストをシールにした「ちまちま奈良シール」などが新商品。２０１７年から作り始め、毎年10アイテムほどがデビューしています。「商品を通じて奈良を知ってもらい、奈良に来てくれるきっかけになれば」と東岡さん。

大仏ペンケース 2,200 円
大仏クリップ 880 円
大仏シール＜大＞ 385 円

黒板拭きキーホルダー 968 円、
日々雑記帳 495 円

ちまちま奈良シール
638 円

information

奈良市公納堂町 6（西 2）
0742-81-9944
11：00 ～ 18：00（土日・祝日は 10：00 ～）
火曜休み（祝日の場合は翌日）、不定休
https://coto-mono.wixsite.com/cotomono

近鉄奈良駅 2 番出口より南へ 15 分
P なし

チーズケーキ 500 円と
凡豆の深煎りコーヒー（H）470 円

お茶とケーキと本を楽しむ

手づくりのお菓子とお茶のカフェ「のこのこ」には、温かい気持ちになれる店主のお気に入りの本がたくさん並んでいます。お茶を飲みながら本を読んだり、窓から風情ある町並みや、夕方には夕焼けを眺めたりしながら、ゆったりと過ごすことができます。

お菓子はチーズケーキやシフォンケーキ、タルトなど、日替わりで4～5種類を用意。季節の果物や野菜、国産小麦やキビ砂糖など、体にやさしいものにこだわって店内で焼いています。お皿にココアや抹茶パウダーなどで施される、鹿や仏像、鳥居などのアートも評判。奈良の紅茶や大和茶、和漢伝統薬の「陀羅尼助」をモチーフにした奈良県クラフトコーラなど、ドリンクも充実しています。

ならまち散策の途中でほっと一息つくのにぴったり

ならまち

のこのこ

カフェ　雑貨　スイーツ

キハダコーラグレープフルーツ割り　500 円

阿修羅像、はにわがキュートな、シナモンごまクッキー 300 円

店主オリジナルトートバッグ 2,500 円

近鉄奈良駅 2 番出口より南へ 15 分
P なし

information

奈良市公納堂町 24
0742-24-7167
12：00 ～ 18：00（17：00LO）
月・木曜休み　　全席禁煙
@nokonokocafe

かわいさを追求したアクセサリー、雑貨が並ぶ宝石箱みたいな店内

刺繍のねこのブローチ 4,200 円はすぐ売り切れる人気商品

ならまち

nakki

ナッキ

雑貨

雑貨とアクセサリーにキュン！

「こころをキュンとつかむものづくり」をコンセプトに、手刺繍などのアクセサリーと、イラストを使ったものづくりをする原田奈月さんのお店です。彼女の世界観のファンは、国内だけでなく海外にも多いそう。色合いがステキな手刺繍や、フランスのビンテージスパンコールやビーズなどを使ったもの、お手頃価格のプラ板のアクセサリーがずらり。刺繍ピアスのキット（１５００円）も販売しています。元気が出そうな明るいタッチのイラストは、ポストカードや原画が人気です。

店内には、店番も担当する奈月さんのお母さんのパッチワーク作品や布小物、おじいさんが作る竹細工も並び、新しさと懐かしさが融合した、やさしい雰囲気です。

テキスタイルデザインも手がけたバッグ 3,400 円

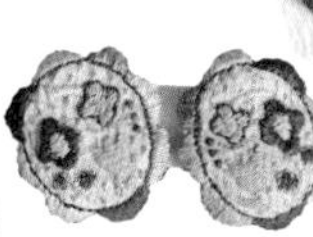

花の刺繍ピアス 6,000 円

刺繍ピアス 2,800 円～とプラ板ピアス 1,800 円

information

奈良市公納堂町 12 ならまち工房Ⅲ
TEL なし
11：00 ～ 17：00
月・水曜休み（祝日の場合は翌日）
https://nakki.jimdo.com

近鉄奈良駅 2 番出口より南へ 15 分
P なし

ならまち

糸季《しき》

雑貨

上質でおしゃれな靴下専門店

日本一の靴下生産量を誇る「靴下の町」、奈良県広陵町で作られている、靴下が主役のセレクトショップ。オーガニックコットンなどの素材や染色技法にこだわった「オーガニックガーデン（ORGANIC GARDEN）」や、都会的でファッショナブルなブランド「ホフマン（Hoffmann）」、糸季のオリジナルアイテムなどが並んでいます。

糸季オリジナルの、奈良らしい鹿柄の靴下や、ペットボトルホルダー、アイスコーヒーの水滴を防いでくれるホルダーは、おみやげに大人気。おみやげで買った靴下の履き心地が気に入って、リピーターになる人も多いそう。素材、肌触りのよさを追求した、上質な奈良の靴下の履き心地を、ぜひ体感してみて。

ナチュラル系はもちろん、気分が上るカラフルでおしゃれな靴下も

人間工学に基づいた設計の靴下など、さまざまな靴下がそろう

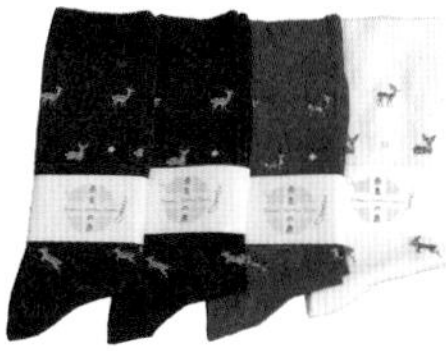

奈良の鹿柄ソックス
各 1,760 円

鹿の子編みソックス
(キッズ～メンズサイズ)
各 1,320 円～

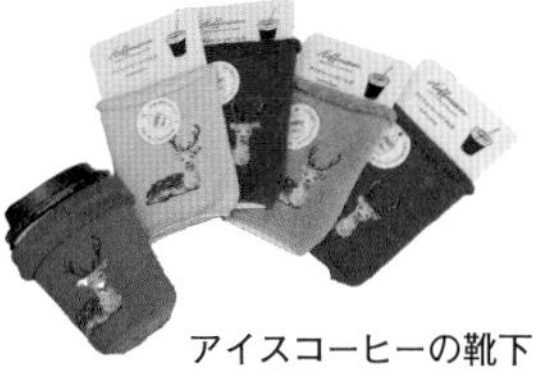

アイスコーヒーの靴下
770 円

近鉄奈良駅 2 番出口より南へ 12 分
P なし

information

奈良市高御門町 18
0742-77-0722
10：00 ～ 17：00
不定休
https://siki-naramachi.com

もちいどの
&
奈良駅周辺

【カノコロの天然石】

天然石の原石とハンドメイドアクセサリーのお店。天然石から感じる物語や輝きを伝えるアクセサリーは、特にピアスやイヤリングの種類が豊富。誕生石コーナーを設けて、月替わりで紹介しています。

奈良市餅飯殿町 12　夢 CUBE C
TEL なし
10:00 ～ 19:00
木曜休み（臨時休業あり）
@narakanocoro

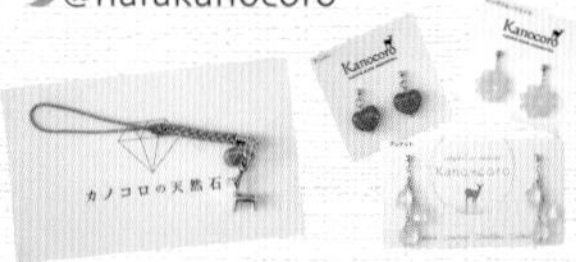

◇猿沢池

奈良公園にある周囲 360 ｍの池。池の周りにはベンチがあり、水面に興福寺五重塔と柳が映る美しい風景や、周辺で遊ぶ鹿の姿を見ながら、奈良らしいひとときが過ごせる。

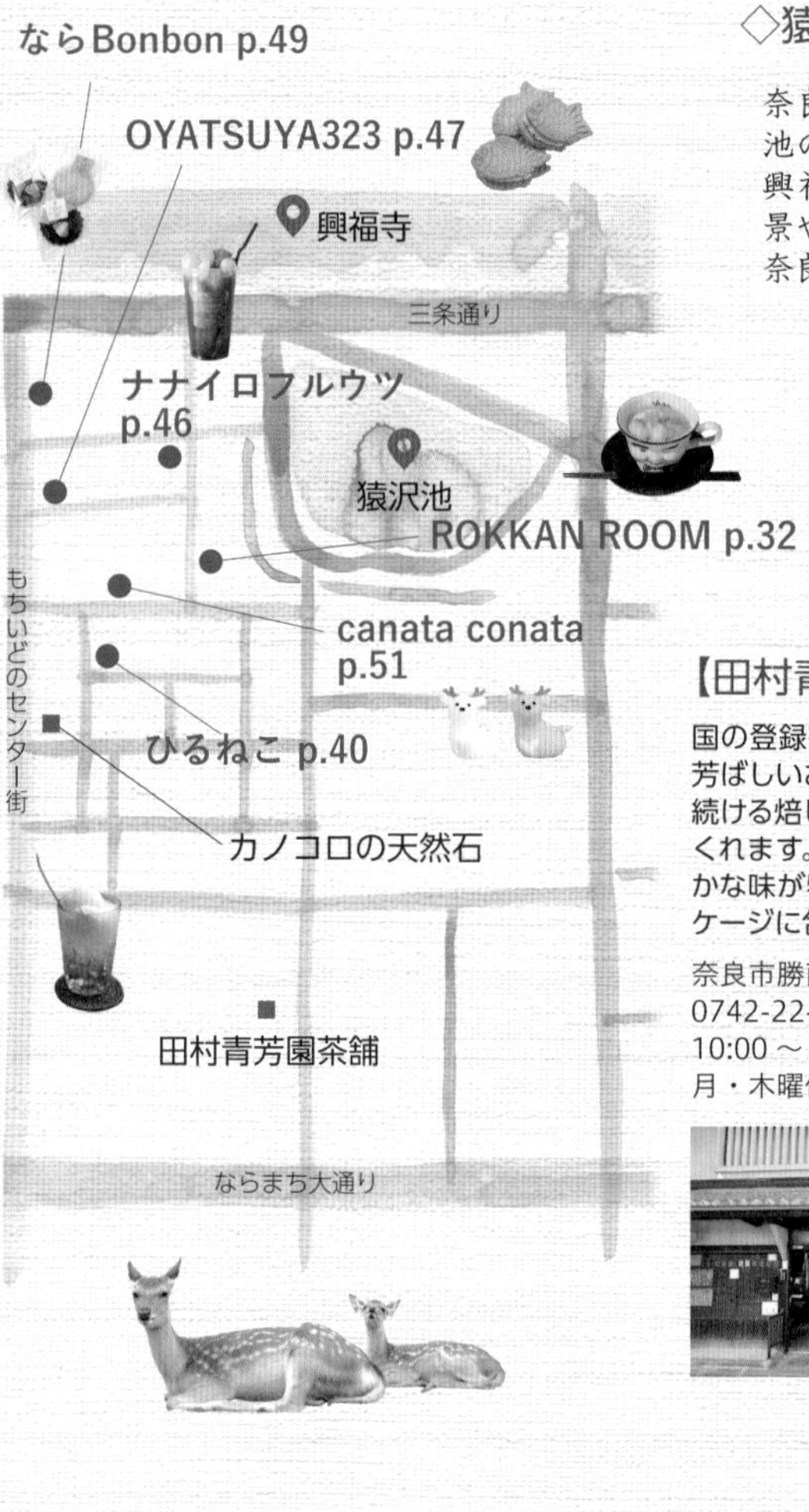

和紅茶「丹色」

【田村青芳園茶舗】

国の登録有形文化財の町家で営む老舗茶舗。通り一帯に芳ばしいお茶の香りが漂っています。昭和 33 年から使い続ける焙じ機で毎日炒るほうじ茶を、注文してから詰めてくれます。長い歴史の奈良のお茶「大和茶」は、まろやかな味が特徴。ご主人が描くオリジナルイラスト入りパッケージに包まれた、ほうじ茶、煎茶、雁が音が人気です。

奈良市勝南院町 18
0742-22-2833
10:00 ～ 15:00
月・木曜休み

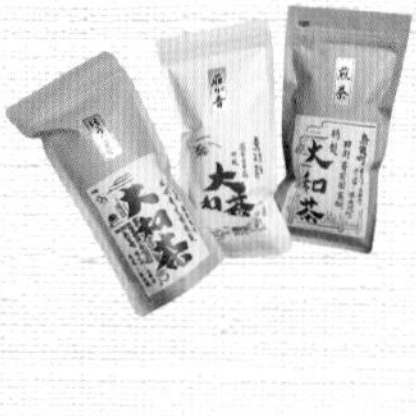

パピエ・プリュス
【PaPiER+】

je êt nous (p.95) の姉妹店で、近鉄奈良駅構内にあるお店。アクセサリーや雑貨など、おみやげにもぴったりのオリジナル鹿グッズがぎっしり並んでいます。旅先からの便りが書ける机も設置しています。

奈良市東向中町 29　近鉄奈良駅構内
0742-26-1868（je êt nous）
11:00 ～ 18:00
火・水・木曜休み
https://nara-papierplus.com/

【大仏いちご】

農家から直送される、奈良のおいしい果物を使ったスイーツのお店。奈良県産の朝摘みイチゴを使った「いちご大福」をはじめ、ソフトクリームやパフェ、夏季のかき氷も人気です。イートインも OK。

奈良市上三条町 4-1
0742-42-6284
11:00 ～ 19:00
無休（臨時休業あり）
@ daibutsu.15_official

注文を受けてから、南部鉄器の
フライパンで焼き上げる
たまごサンドセット1,100円

もちいどの

カフェ オリオン

カフェ　雑貨

ぬいぐるみやお人形とまったり過ごせるカフェ

大きな窓に囲まれた、やさしい色調の店内は、大人かわいい雰囲気。居心地がよくて、本を読んだり作業をしたり、思い思いに数時間ゆっくり過ごす人も多いそう。メニューは、友達のお母さんが作ってくれるような、やさしい味でほっとできるもの。スコーンや推し色クリームソーダが人気です。

「ぬいぐるみやお人形など、小さなお連れさまも大歓迎。友達の家に遊びに来る感覚で来てほしい」と店主のフジコさん。小さなお連れさまにも、小さなおやつとミニドリンクという、うれしい無料サービス付きです。撮影グッズが並ぶ窓際のカウンター席は、絶好の撮影スポット。写真撮影も楽しめます。夜営業やモーニング、作業する人だけの作業デイや作業ナイト営業も不定期で開催。通常のメニューには載っていない内緒の裏メニュー情報など、Twitter情報は要チェックです。

スコーンセット1,100円
特製スプレッドとジャム付き

▲▶ミニチュアの置物などかわいい小物がたくさん　▲手作り雑貨やアクセサリーの販売も　▶7色から選べる推し色クリームソーダ700円。炭酸が苦手な人はカルピスに変更可能

人気のクッキー缶1,000円

オリジナルドールハウス「オリオン☆カフェスタイル」5,000円

プリンセット（ドリンク付）800円

menu

◇スコーンセット・・・・・・・・・1,100円
◇たまごサンドセット・・・・・・・1,100円
◇ホットティー・・・・・・・・・・・600円
◇コーヒー (H)・・・・・・・・・・・450円

information

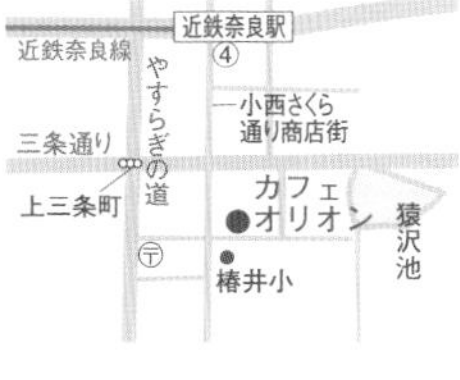

奈良市椿井町41 2階
TEL なし
11：00～19：00（18：00LO）
不定休　全席禁煙
twitter からの予約がベター　@ cattimenara

近鉄奈良駅4番出口より南へ5分
P なし

1階の奥は、かつて蔵だった空間。
本棚の横にテーブル席が並ぶ

もちいどの

ROKKAN ROOM

ロッカンルーム

カフェ

歴史ある建物の温もりにつつまれて

蔵として使われていた1階奥と2階、防空壕だった地下など、築140年を超える元置屋だった建物の原型を壊すことなく、アートとデザインを融合。趣のある空間は個性があり、ゆっくりとくつろぐことができます。

かわいらしいビジュアルのスイーツをはじめ、酵素ソーダ、漢方や生薬を使ったスパイスカレーなど、体を温め、免疫力を高めることを意識したメニューも充実。オーナーのMOEさんが好きで集めていたアメリカヴィンテージの器にホットドリンクなどを入れて提供してみたところSNSで人気になり、チャイティーお汁粉やダーティーチャイなどのオリジナルメニューとともに楽しむお客さんが次々と訪れています。また、店内には「お客さんと気軽に話をして、親しくなれたら」と、カウンター席を設置。ひとりで訪れても心地よく過ごせます。

店内奥へと続く
カウンター席でゆっくり

▲▶アイルランド原産のお酒BAILEYSのノベルティカップ
▲古い階段を上がって蔵の2階に。冬はこたつが置かれる　▶かつて防空壕だった地下。まったり落ち着ける雰囲気

ROKKANカレー（ポーク）
ドリンク付き1,350円～

パープルクリームソーダ
600円

旬の果物の酵素シロップ
ソーダ700円

自家製チャイ＋こしあんの
チャイティーお汁粉780円

menu

◇ダーティーチャイ・・・・・・・・600円
◇奈良県産たまごを使ったプリン・450円～
◇ほうじ茶ラテ・・・・・・・・・・600円
◇カレーお揚げ包みにゅうめん（ドリンク付）1,350円

information

奈良市元林院町 8
050-1112-7867
11：00 ～ 18：00（日曜は 11：30 ～ 17：00）
月曜休み
全席禁煙　@rokkanroom

近鉄奈良駅 2 番出口より南へ 4 分
P なし

定番デリサンドは2種類。
りんご、エビ、アボカドの「Aサンド」880円

もちいどの

堀内果実園

ほりうちかじつえん

カフェ　スイーツ

農園からダイレクトに旬の果物を堪能

明治時代から吉野の山麓で果物を中心に栽培し、おいしいタイミングを知り尽くした果実農家ならではのラインナップ。「くだものを楽しむお店」のコンセプト通り、旬の果物を余すことなく味わうことができます。

看板メニューのフルーツサンドは、果物を挟むというより敷き詰めるという表現がぴったり。どこから見ても、果物がぎっしり詰まっています。定番の季節のサンドと果物を主役にしたおかず感覚のデリサンドのほかに、旬限定のプレミアムサンドも登場。映えるビジュアルはもちろん、そのボリュームにも驚きます。大人気のフルーツパフェも、スポンジやフレークを使わず、果物のジュレやアイスをふんだんに詰め込んでいます。加工品も「くだものを食べて幸せな時間を過ごしてほしい」という思いで商品開発。おいしい果物に囲まれて、心豊かな時間が過ごせます。

柿の葉茶など、
温かいお茶もおすすめ

▲▶定番＋季節限定のテイクアウト限定ハーフサンド
▲柿の葉茶やくだもののゼリー、コンフィチュールなど、丁寧に作られた加工品も各種揃う　▶店内には、カウンターとテーブル席がある

6種類の果物が楽しめる、定番フルーツサンド990円

完熟桃を丸ごと一つのせた丸ごとももすもも1,980円

くだものスコーンみかん1,800円（柿の葉茶付）

テイクアウトのプリンも大好評

menu

◇柿の葉茶・・・・・・・・・・・・330円
◇くだもののスムージー・・・・・・・660円
◇Pサンド・・・・・・・・・・・・・880円
◇チョコバナナ園（パフェ）・・・1,430円
※季節や果物の状況により、メニューや価格の変動あり

information

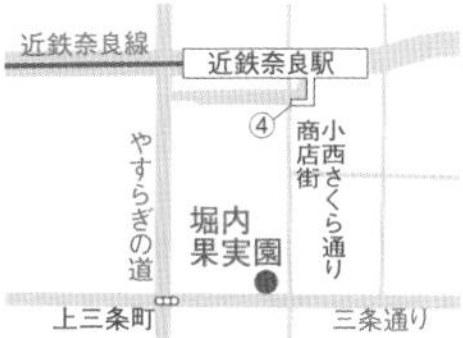

奈良市角振町 23
0742-93-8393
10：00～19：00（18：30LO）　休みなし
全席禁煙
https://horiuchi-fruit.jp

近鉄奈良駅 4 番出口より南へ 5 分
P なし

窓枠や天井など、古さを生かして作り上げた落ち着く空間

奈良駅

絵本とコーヒーのパビリオン

カフェ　本

路地裏に迷い込んで本とコーヒーの時間を

路地の中にある、本とコーヒーが楽しめる空間。大西正人さん、千春さん夫婦が営んでいます。始まりは、十数年前に千春さんが洋書専門のオンラインショップ「パビリオンブックス」を運営していたことから。その後、3年半の月日をかけて作ったこのお店では、選書は千春さん、焙煎からケーキ作りまで正人さんが担当しています。コーヒーは、煎りの深さが違う青・赤・黒の3種類で、それぞれの深さに合う豆をブレンド。ケーキやスコーンのほか、サンドイッチの全粒粉パンも自家製です。ランチタイムには、トマトチキンカレーも提供しています。

古い町家をリモデルした店内は、大きな本棚が印象的。本の表紙から季節を感じてほしいと、毎日のようにディスプレイが変わります。チェコやハンガリーなどの古本市で買い付けた希少な古本も要チェックです。

本の傍らで味わいたい
丁寧に淹れたコーヒー

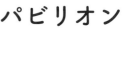

▲▶子どもの頃にお母さんが作ってくれたプリンのレシピを活用。懐かしくて新しい味　▲棚に並ぶ本の表紙から、季節の移り変わりが感じられる　▶本とコーヒーをゆっくりと楽しみたい

絵本を通して、大人も子どもも楽しめる

レーズンのスコーン220円
季節の焼菓子も各種

青・赤500円、黒600円

本日のケーキ（くるみのタルト）
650円

menu

◇カスタード・プリン・・・・・・・500円
◇カフェオレ・・・・・・・・・・・・550円
◇全粒粉パンのサンド・・・・・・・600円
◇キャラメル・ルイボスティー・・・600円

information

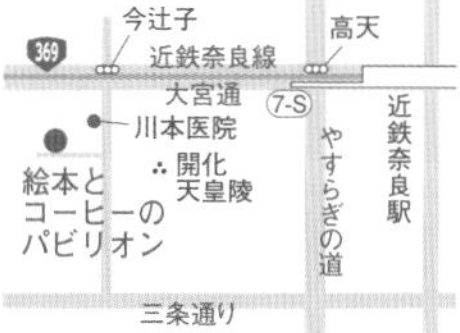

奈良市今辻子町 32-5
0742-26-5199
12：00～18：00（17：30LO）
月～水曜休み
全席禁煙　https://pavilion-b.ocnk.net

近鉄奈良駅 7-S 番出口より西へ 6 分
P なし

琥珀パールデラックス1,300円。
植村牧場のミルクをエスプーマに。
中に入った自家製ピスタチオペーストも美味

kakigori

ほうせき箱

カキゴオリ　ほうせきばこ

カフェ　スイーツ　雑貨

かき氷の聖地を牽引する人気店

きめ細かい氷に独自の食感がプラスされた「エスプーマかき氷」で人気の「ほうせき箱」。ふわふわでシロップとのなじみもよく、最後までおいしく食べられるのも特徴です。大和抹茶や奈良のイチゴ、植村牧場の牛乳、西吉野産純粋蜂蜜など、奈良産の食材を使ったアイテムは常時8～10種類で、季節によって随時変わっていきます。農家に直接出向き、収穫したばかりの作物の鮮度を保ったまま加工しているので、素材の味がしっかり際立ちます。

「季節感のある食材を使っています。かき氷を通じて奈良のおいしいものを紹介したい。たくさんの人が奈良に来るきっかけになれば」と話すのは店主の岡田桂子さん。25～26℃に保った室内は適温で、カウンター席でかき氷が仕上がる様子を見るのも一興です。かき氷モチーフの雑貨やアクセサリーも奈良みやげとして定着しています。

店主の岡田桂子さんが
仕上げる様子を見ることができる

▲▶カウンター 13席、テーブル11席、個室風テーブル12席の店内　▲各種柿の葉茶やかき氷の器、かき氷モチーフのアクセサリーなど物販コーナーも充実　▶一段下にある個室風テーブル席

【ohara Reika】レトロ印刷
ポストカード各153円

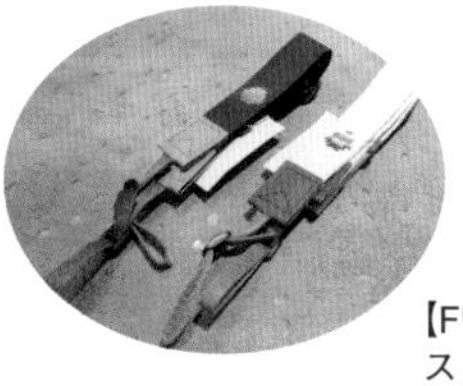

【FUTBA】かき氷柄カメラストラップ各3,500円

奈良いちご氷（ヨーグルトes）
古都華氷1,580円

かき氷イヤリング・ピアス
各2,500円

menu

◇大人の抹茶デラックス・・・・・1,320円
◇ベリーベリーヨーグルト・・・・・1,500円
◇奈良いちごミルク・・・・・・・・1,580円

information

奈良市餅飯殿町 47　　0742-93-4260
10：00 ～ 17：00
（土・日曜は～ 17：30、LO は 10 分前、13：00 ～ 14：00 は休み）
木曜休み（お盆の営業は SNS で確認）
全席禁煙　　@housekibaco

近鉄奈良駅 2 番出口より南へ 7 分
P なし

おしゃべりも居眠りもOKの
居心地のよさが魅力

もちいどの

ひるねこ

カフェ

ほっとできてまた行きたくなるカフェ

ねこが昼寝をする縁側のような、あたたかい雰囲気のカフェ「ひるねこ」。店主の沖口泰子（Yeah）さんと、姪の梅本茉美さんが、いつも笑顔で迎えてくれます。「1回来た人は常連さん。実家みたいに帰って来てもらえたらうれしい」というYeahさんとの、おしゃべりを楽しみに訪れる人も多くいます。

すべて手づくりの体にやさしいランチ（自家製パンセットの日と、おにぎりセットの日があり。要予約）をはじめ、ほかでは出会えないスイーツメニューが充実。イチオシは、凍らせた自家製プリンを、ミルクシャーベットやコーヒーゼリー、アイスと一緒に食べて飲むオリジナルスイーツの「シャリーゼ」。いろいろな味のハーモニーが楽しめます。デザートにドリンクをセットすると200円引き、コーヒーや紅茶は2杯目から半額と、お得なサービスもうれしいところです。

元気いっぱいの
Yeahさんと茉美さん

▲▶弾力のある食感とほどよい甘さでクセになる、ねこちゃんフレンチトースト750円　▲店内テーブル席。Yeahさんらとのおしゃべりも楽しんで　▶シャリシャリ食感で人気のシャリーゼ（プリン）900円

奈良県産の卵を使用した
プリン550円

きれいな透明感の
クリームソーダ650円

チーズトースト500円

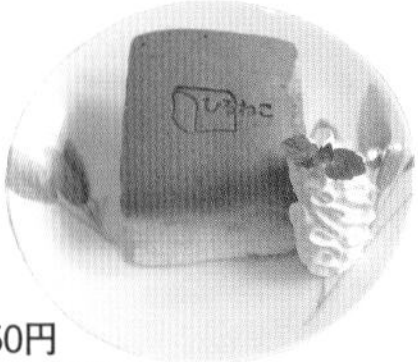

台湾カステラ650円
2～3日前までに要予約

menu

◇おにぎりセット・パンセット
・・各1,000円（プリン付1,300円）
◇本日のケーキ・・・・・・・・・・・650円
◇ウインナコーヒー・・・・・・・・650円

information

奈良市南市町 2-3
080-3843-8080
11：30～18：00
水曜、第１・３木曜休み　全席禁煙
@hiruneko.yeah

近鉄奈良駅２番出口より南へ６分
P なし

開放感のある明るい店内で、
イギリス伝統のスイーツを楽しみたい

もちいどの

BRIGHTON TEA ROOM

ブライトンティールーム

カフェ

伝統的なスイーツやお茶でイギリスを味わう

ゆったりお茶とお菓子を楽しむイギリスの文化や伝統を伝えるカフェ。22年間イギリス・ブライトンに住んでいたオーナーの松井奈美さんが、２０１５年にオープンしました。レトロビルの入口ではためくイギリス国旗が目印で、全国のイギリス好きが訪れます。

店内では、イギリスそのままのスイーツや種類豊富な紅茶が味わえます。１９２０年代から親しまれてきたニッカボッカグローリーと呼ばれるアイスクリーム・サンデーはノスタルジックなビジュアルです。イギリス・イートン校発祥の「イートンメス」は、クラッシュした白いパブロアとイチゴに、生クリームと酸味のあるソースをトッピングしたデザート。イチゴのシーズンのみ楽しめます。大人気のアフタヌーンティーをはじめ、予約なしＯＫのティールームプレートや終日オーダーできるイギリス式朝食も好評です。

茶葉がずらりと並ぶ

▲▶人気のアフタヌーンティーは3日前までに要予約。1名から可能、2,800円
▲ゆったりとしたカウンター席　▶イートンメスは紅茶とセット。(H)1,400円、(I) 1,500円

ニッカボッカグローリー
850円

メレンゲのスイーツ、
チョコレートパブロア
750円

イギリス式朝食1,350円

トラディショナルスコーン700円

menu

◇ホットティー・・・・・・・・・・・700円
◇アイスティー・・・・・・・・・・・800円
◇アイスクリーム・サンデー・・・・850円
◇フィッシュ&チップス・・・・・1,100円

information

奈良市東城戸町 35　2 階
0742-87-1358
11：00 ～ 18：30（18：00LO）　月・火曜休み
全席禁煙
@brightontearoom

近鉄奈良駅 4 番出口より南へ 6 分
P なし

気軽に立ち寄りたいコーヒースタンド。支払いは完全キャッシュレス

丁寧に淹れるハンドドリップコーヒー

奈良駅

moi tasta

モイタスタ

カフェ

おいしい一杯で一日をスタート

近鉄奈良駅近く、やすらぎの道沿いにあるコーヒースタンド。天理にある人気店の２号店として、２０２１年にオープンしました。天理の店は、設計事務所＋コーヒースタンドで、奈良の店も、天井から床までの大きなドアを開け放して開放感あふれる雰囲気です。フィンランド語で「やぁ！」という意味の店名通り、通りがかる人たちに「こんにちは！」と笑顔で声をかけるオーナーの菴澤《いほりさわ》克行さんは、「楽しくコーヒーを飲んで、１日をスタートしてもらえたら」と話します。

コーヒーはオリジナルブレンドのほか、各地のロースターからセレクトしたものをラインナップ。３カ月ぐらいで変わるので、どこのコーヒーが味わえるのか楽しみです。

コーヒーはオリジナルブレンドのほか、シングルオリジンも。600 円～

ラテはダークとライト2 種類から650 円

コーヒーによくあうスコーン 250 円

information

奈良市高天町 38-8
TEL なし
8：00 ～ 20：00
火曜、第 1・3 水曜休み
@moi.tasta

近鉄奈良駅 7-S 番出口より南へすぐ
P なし

紙と、紙にまつわるあれこれ

デザイン事務所が運営する、紙と絵本とデザインのお店。駅近とは思えないような路地の中にある、古い町家が店舗です。お客さんに直接紙に触れてほしいことと、デザイン本の店が奈良にもあったらという思いから、オープンしました。店内には、さまざまな色や質感の500種類ほどの紙をはじめ、大人が好むビジュアルとしての魅力がある絵本と広告やコピーライト、ロゴなど実践的なデザイン本、おもしろい紙雑貨などを揃えています。

　表紙が見えるように並ぶ本は「ストーリーを追いかけるというより、クセのある絵本」で、大型書店には平積みされないような本をセレクト。イラストや立体など、デザイナーがからんだ個性的な紙雑貨も魅力的です。

新作にこだわらず古い本もセレクト

個性的な絵本や雑貨、多種多様な紙に触れられる

奈良駅

Paper & Design Books

arica

アリカ

雑貨　本

封筒132円〜、ロールシール385円〜、ハガキサイズ・A4・A3サイズのファンシーペーパー、紙雑貨など

絵本やデザイン系の本がいろいろ

近鉄奈良駅7-S番出口より南へ2分
Pなし

information

奈良市高天町44-9
0742-93-6607
11：00〜18：30（土曜は12：00〜17：00）
日・月曜休み
https://arica.shop

アニマルポストカード
各308円

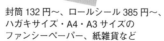

もちいどの

ナナイロ フルウツ

カフェ　スイーツ

中にもフレッシュなイチゴソースが入った「いちごのクレープ」1,100円～

ほとんどのメニューがテイクアウトOK

季節のフルーツのおいしさ満喫

「イチゴが大好きで、奈良のイチゴのおいしさを知ってもらいたい」と2020年7月にオープンしたお店。1～5月のシーズンには、イチゴに特化したスイーツとドリンクを提供。夏季は旬の果物を使ったかき氷、それ以外の時期は果物のスイーツが並びます。

古都華、かおり野、奈乃華など、契約農家から仕入れた5種類のイチゴを使ったメニューで人気は、品種が選べる「いちごのクレープ」や「ぜいたく古都華ジュース」。どちらも果実感たっぷりで濃厚な旨みがあるところが魅力です。「このイチゴが一番と言われるのがうれしい」とは店主の三輪佑香さん。今後は積極的なイベント出店や催事参加で、奈良のイチゴや季節のフルーツのおいしさを伝えたいそうです。

ぜいたく古都華ジュース950円（左）、ぜいたくかおりのジュース800円

レモンとシャインマスカットのクレープ 1,200円

カシスとぶどうのクリームソーダ 850円

近鉄奈良駅2番出口より南へ6分

Pなし

information

奈良市元林院町17

TELなし

12：00～17：00（土日・祝日は～17：30、LOは閉店30分前）

不定休　※営業時間・休みはSNSで要確認

全席禁煙　@nanairofruits

いろいろなクッキーを 9 種類。クッキー缶 3,230 円。予約がおすすめ

甘い香りに誘われて路地の中へ

「路地の中にあって、誰かに教えたくなるお店を」と、この場所に一目ぼれしてお店をオープンした筒井光海さん。古い民家だった建物の天井や柱などをそのまま残し、新しい白い壁と古い柱のコントラストが、居心地のよさを醸し出しています。有名ホテルでのパティシエ経験を生かして、自分がおいしいと思うものを「おやつ」の名で幅広く作っていけたらと、お客さんの声に耳を傾けながら、奥の厨房で一つひとつお菓子を作っています。

店頭には、焼菓子やスコーンなどが並んでいます。侮ってはいけないマドレーヌ「アナドレーヌ」は、一度聞くと忘れられないインパクトのあるネーミング。香ばしい焦しバター＋さわやかなレモンで、侮れないおいしさです。

もちもち食感で人気のカヌレは売り切れ必至。早めにゲットを

もちいどの

OYATSUYA 323

オヤツヤミツミ

スイーツ

シンプルでおいしいサクサクのスコーン。各 300 円

たい焼きなあんバターサンドクッキー 300 円

近鉄奈良駅 2 番出口より南へ 5 分
P なし

information

奈良市餅飯殿町 27-1
0742-95-9963
11：00~18：00
不定休（SNS で確認）
https://oyatsuya323.studio.site

しっとりとしたフィナンシェとアナドレーヌ 各 260 円

風合いのある布で作るバッグや小物など、手にとってみたいものばかり

モロッコのリサイクルグラスや、イランの手吹きガラスのコップなど

もちいどの

色十色

いろといろ

雑貨

いろんな国の手仕事の温もり

店名の色十色は、「いろんな国のいろんな色」と、「いろんな国のいろんなもの」から。フェアトレード店で働いていた店主が、丁寧に作られた手づくりのものや、自然素材で作られたものに惹かれてオープンしました。お店では、「人や地球、みんなが気持ちよくなるもの」の視点で、天然素材の世界の手仕事や、環境に配慮されたものをセレクトしています

２０２２年には、いろんな国の素材を使ったオリジナルブランド「ＯＴＯＴＯ」を立ち上げ、サリーなどに使われていたインドやバングラディシュのラリートキルトをリメイクした鍋つかみやコースター、アフリカンバティックのバッグやポーチなどを制作。今後も少しずつ増えるアイテムが楽しみです。

アフリカンバティックで作るオリジナル商品。ポーチ各 1,870 円、きんちゃく各 1,760 円

ゆるい絵柄がかわいい、インドのブロックプリントWガーゼハンカチS 1,078 円

information

奈良市椿井町 51 西側
070-1762-4505
11：30 ～ 17：00
火・水・木曜休み
@nara_irotoiro

近鉄奈良駅 4 番出口より南へ 5 分
P なし

なら Bonbon

ならボンボン

スイーツ

奈良の自然の味を伝えるお菓子

2002年にフランス菓子の教室からスタート。奈良漬を使ったお菓子の開発依頼を受けて誕生した奈良漬サブレをきっかけに、多くの生産者と出会ったことから奈良の食材を使ったお菓子づくりが始まりました。その後3年の月日をかけて、最初に赤い色が鮮やかなかぶらの一種「片平あかね」の飴を作り、ブランドを立ち上げました。

大和伝統野菜を使ったものなど20種類以上が並ぶ飴は、自然のままの淡い色合いが特徴。やさしい味わいながら、素材の持つ力強さが感じられます。そのほか、みかんの原種「大和橘」の天然エッセンスを加えたものなど、各種焼菓子をはじめ、一緒に楽しみたい和紅茶や緑茶なども揃っています。

プレゼントにも最適なギフトセット。希望の詰め合わせもOK

ずらりと並ぶかわいらしいパッケージの飴の小瓶。どれも味わい深い

ほろっとサブレ～大和橘～ 118円、～いちごショコラ～ 237円（期間限定）

なら Bonbon「大和橘」756円

奈良・明日香村で栽培された大和橘のシロップ。1,512円

近鉄奈良駅2番出口より南へ5分
Pなし

information

奈良市橋本町3-1　BONCHI 1階
0742-43-5446
10：00～18：00（13：00~14：00 休憩）
木曜休み
https://www.narabonbon.com

テイクアウトのコーヒーを、店先の椅子に座って飲むこともできる

コーヒーを淹れる裕子さん。雑味が少なく香り高い味わいが魅力

TABI Coffee Roaster

タビコーヒーロースター

カフェ

レトロな市場でコーヒーを

昭和レトロな商店街「椿井市場」の細い通路を入っていくと、その奥におしゃれなスタンドスタイルのコーヒー店があります。ほの暗いノスタルジックな空気の先で出会う、やさしい光とコーヒーの香りは、ホッと心をほぐしてくれます。迎えてくれるのは店主の田引宏治さん、裕子さん夫妻。気さくな人柄の2人との会話も癒されます。

扱う豆はすべてスペシャルティコーヒーで、自家焙煎のブレンドやシングルオリジンなど常時7～8種類を用意。テイクアウトのコーヒーは1杯400円～。目の前で抽出されるコーヒーを見るのも、至福の時間です。カヌレやビスコッティなど、裕子さんお手製の焼菓子もおすすめです。

毎日新鮮な豆を焙煎する店内の焙煎機

TABI ブレンド 50g 390 円などコーヒー豆の販売も

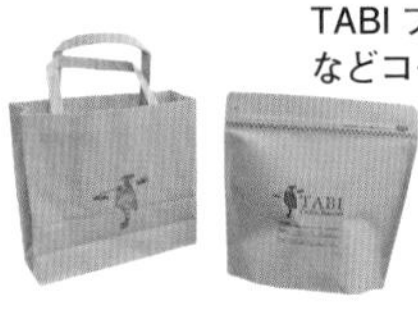

コーヒー（400 円～）と米粉のカヌレ（280 円）

information

奈良市椿井町 5
0742-93-6133
12：00 ～ 18：00（日曜は～ 17：00）
水曜、第 1・3 日曜休み　禁煙
@tabi_coffeeroaster

近鉄奈良駅 4 番出口より南へ 8 分
P なし

キュートな鹿キャンドルが集合

路地の中に建つ町家の窓に並ぶ、色とりどりの鹿のキャンドル。そのかわいらしい姿に、思わず扉を開けたくなります。ここはキャンドル作家小林理絵さんが制作活動をするアトリエを兼ねたショップ。鹿のイラストを立体にするためにキャンドルを作ったことがきっかけで、キュートなモチーフのキャンドルが登場しました。まん丸だったり太っていたり、小林さんの手から、次々とかわいらしい鹿たちが生まれています。

ほかにも、招き猫やお地蔵さん、ハニワや鬼瓦など、ユニークなキャンドルや、淡い色合いで本物のような和菓子のキャンドルなど各種。火をともさずに香りを楽しむボタニカルアロマワックスサシェも好評です。

奈良のおみやげにぴったり。鹿ちゃんキャンドル 420 円

そのまま飾っておきたくなるような、かわいらしいキャンドルがたくさん

もちいどの

canata conata

カナタコナタ

雑貨

ちょっとおデブな鹿 candle 各 520 円

ボタニカルアロマワックスサシェ 1,000 円

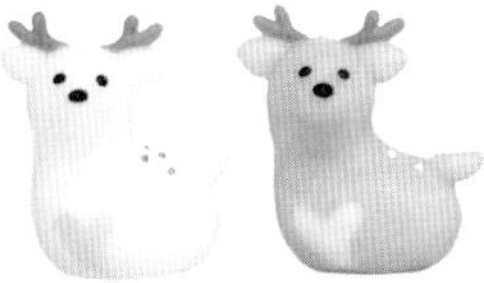

くつろぎ鹿 candle 700 円

近鉄奈良駅 2 番出口より南へ 5 分
P なし

information

奈良市元林院町 35
0742-24-8178
11：00 ～ 17：00
月・火曜休み（祝日は営業）
https://canataconata.jimdofree.com

【鹿苑】

国の天然記念物「奈良のシカ」を保護育成する奈良の鹿愛護会の活動拠点。怪我や病気の鹿を保護・治療しています。鹿に関する展示やクイズで楽しく学べ、全国から届けられたドングリで餌やり体験ができます（無料）。毎年６月には子鹿を公開（期間限定、有料）。

奈良市春日野町 160-1
0742-22-2388
10:00 ～ 16:00
月曜休み
※行事や鹿の体調などで休苑あり
無料（協力金 100 円・任意）

鹿の飛び出し注意
ステッカー　200 円

鹿寄せ

鹿にあげる
どんぐり

◇春日大社

世界遺産「古都奈良の文化財」。国の繁栄と国民の幸福を願って奈良時代に創建。白い鹿に乗った神様が奈良の地に降り立ったと伝わる。

春日大社
夫婦大黒社

鹿苑

◇夫婦大黒社

日本で唯一、夫婦の大黒様を祀り、夫婦円満・家内安全・縁結びの神様として有名。ハート形の絵馬やピンクの鹿が描かれた水占いがあり、恋愛成就のパワースポットとして人気。春日大社の本殿東側。

たかばたけ茶論
p.67

志賀直哉旧居

高畑町

空気ケーキ。
p.58

cafe ZUCCU p.56

新薬師寺

◇新薬師寺

聖武天皇の病気平癒を願って創建された寺。本堂には国宝の薬師如来坐像が安置され、周りを囲むように立つ十二神将像も迫力がある。

奈良教育大

GELATERIA FIORE
p.60

◇志賀直哉旧居

京都から奈良に移り住んだ志賀直哉が、昭和初期に自ら設計した旧邸宅。『暗夜行路』を執筆した書斎なども残る。

高　畑

氷室神社

◇氷室神社

奈良時代、春日野に氷室を設け、氷の神様を祀ったのが始まりとされる。毎年５月１日に献氷祭が開催され、大きな氷柱を奉納する。

【奈良国立博物館】

毎年秋に「正倉院展」を開催し、仏教にまつわる美術品を数多く収蔵する博物館。重要文化財の「なら仏像館」は明治時代のレンガ建築。ミュージアムショップには、オリジナルグッズがたくさん揃っています。

奈良市登大路町 50
050-5542-8600（ハローダイヤル）
9:30 ～ 17:00
（土曜は～ 20:00、入館は各 30 分前まで）
月曜休館（祝日の場合は翌日）

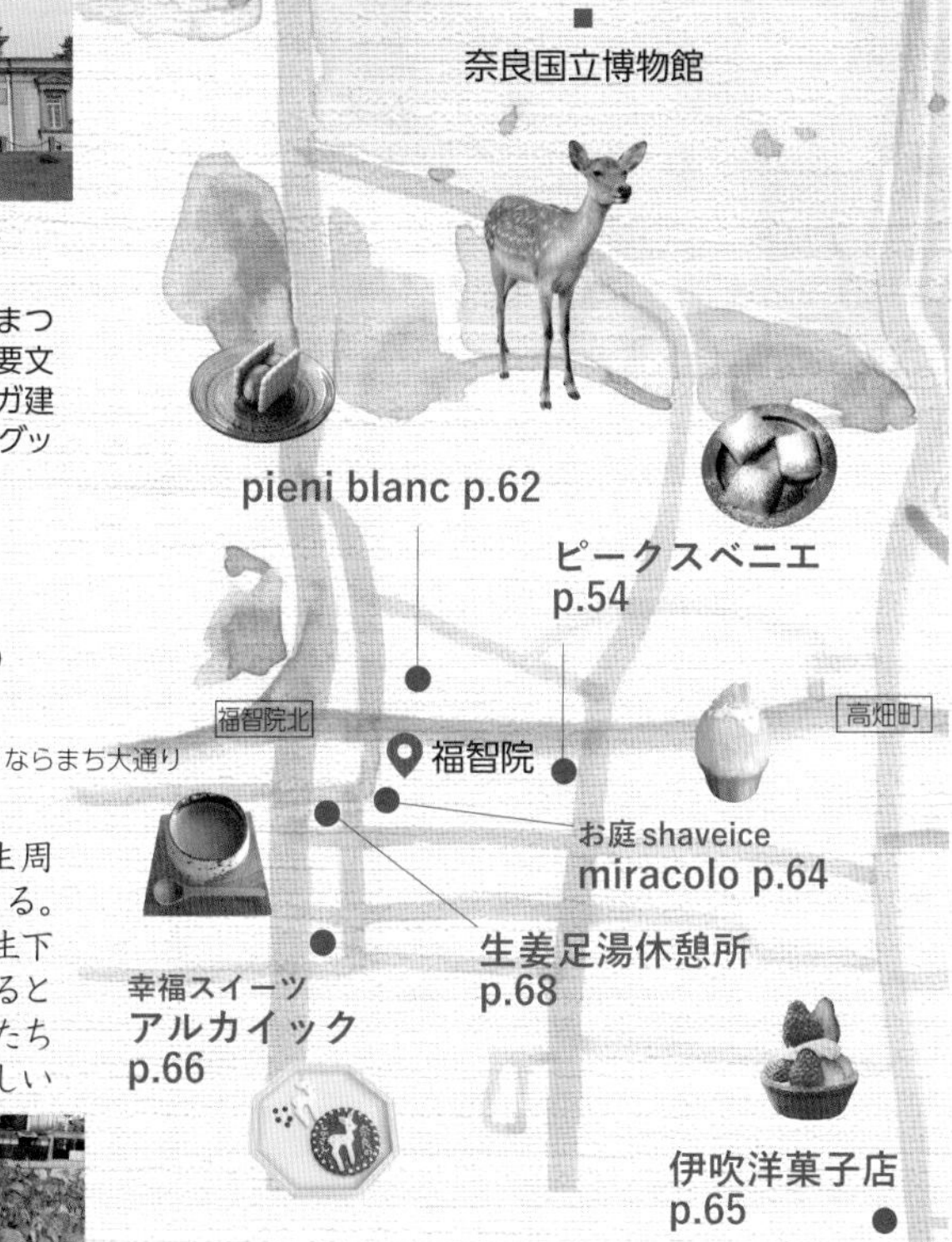

◇鹿だまり

夏の夕方、奈良国立博物館前の芝生周辺に、鹿たちが三々五々集まってくる。正確な理由はわからないけれど、芝生下にある地下通路からの風で涼んでいるという説も。鹿団子とも呼ばれる、鹿たちがかたまってくつろいでいるほほえましい姿は必見！

◇福智院

鎌倉時代に再興された真言律宗の古刹。本堂と木像地蔵菩薩坐像は重要文化財に指定されている。

熱々を味わいたいプレーンベニエ（3P）400円

高畑

ピークス ベニエ

カフェ　スイーツ

熱々ベニエとチコリコーヒーで一息

２年間の間借り営業を経て、2021年にオープンした店舗は、偶然みつけた元ゲストハウスだった民家。自分たちでデザインし、時間をかけて作り上げました。

フランス生まれでアメリカ育ちのベニエは、発酵させた生地を米油で揚げたもの。『シェフ』という映画を観て、ベニエを作り始めたそうです。映画ではニューオーリンズのカフェデュモンドというベニエの店が登場しますが、その再現ではなく、自分たちがおいしいと思うオリジナルのベニエを作っています。ふんわり丸くふくらんだ生地の中は空洞で、さくっと軽い食感が特徴。粉砂糖をたっぷりふりかけたプレーンベニエのほか、歯ごたえのあるライ麦全粒粉のベニエ、各種トッピングのベニエがそろっています。チコリコーヒーや自家製酵素シロップなど、オリジナルドリンクも楽しめます。

木の温もりを感じる店内

▲▶窓からの景色を眺めながら、ベニエとお茶を味わいたい　▲店頭の椿の木もいい雰囲気　▶ルビーチョコ&フリーズドライのイチゴたっぷり。ルビーチョコレートのベニエ650円

チコリの根を焙煎した、ノンカフェインのチコリコーヒー550円

自家製酵素シロップ、無農薬キウイ&レモン

自家製酵素シロップのドリンク500円

ライ麦全粒粉のベニエ（3P）500円

menu

◇オリーブオイルと塩のベニエ・・・550円
◇2種のチーズ&シュガーベニエ・・・700円
◇チコリチャイ（H）・・・・・・・・600円
◇ハーブティー・・・・・・・・・・400円

information

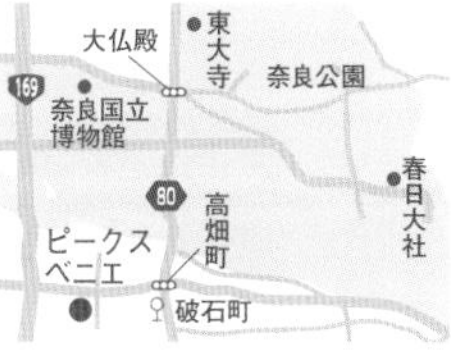

奈良市高畑町 1002
050-7132-0084
12：00～18：00　不定休（SNS で確認）
全席禁煙
@peaksbeignet

JR・近鉄奈良駅より＜バス＞市内循環外回りで破石町下車、西へ５分　　P なし

友人がインドネシアから買って来た
ダイニングテーブルも今までの雰囲気になじんでいる

高畑

cafe ZUCCU

カフェズック

カフェ

居心地抜群のステキなくつろぎ空間

築150年以上の古民家の雰囲気が心地よいカフェ。新設の大きなダイニングテーブルも従来の英米のアンティーク家具と違和感なくなじんでいます。「壁全体を本棚にしたかった」と店主の岡田浩志さんがDIYした本棚も、昔からそこにあったかのよう。まるでブックカフェのように、多くの本が並んでいます。一つひとつ違う椅子目当てのお客さんも多く、いろいろな席に座って、思い思いのカフェ時間を楽しんでいます。

ランチ（11～14時）は、サンドイッチ、パスタ、ハヤシライスのなかからセレクトできます。6種類のスイーツは、奥さんの奈都美さんが担当。モーニング（8～10時30分LO）、ランチ、カフェタイムともメニューが充実していてどの時間もゆっくりできます。今後は、コーヒーとケーキを楽しめる夜カフェも計画しているそうです。

料理とドリンクを担当する
店主の岡田浩志さん

▲▶ランチのパスタセットは月替わり。ミニスープ・ミニサラダ・ドリンク付きで1,450円　▲ペレットストーブもお店の雰囲気にピッタリ　▶新しいカウンターも浩志さんのセンスでステキな飾り棚に

2カ月ごとに替わる
「季節のタルト」600円

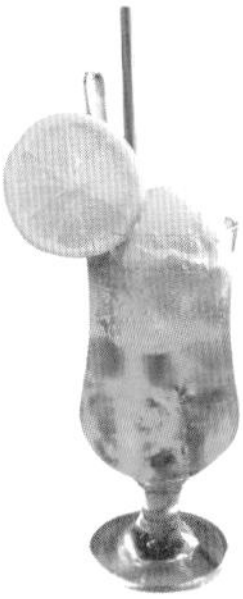

メロンクリーム
ソーダ650円

カフェラテ600円

スフレ
チーズケーキも
人気の一品。500円

menu

◇チャイ・・・・・・・・・・・・・・650円
◇ミックスジュース(ヨーグルトorミルク)750円
◇抹茶のバスクチーズケーキ・・・550円
◇クリームブリュレ・・・・・・・・450円

information

奈良市高畑町 728
0742-87-2334
8：00 ～ 18：00（17：00LO）、水曜は～ 17：00（16：00LO）
木曜休み　　全席禁煙
@cafezuccu

JR・近鉄奈良駅より<バス>市内循環外回りで破石町下車すぐ
P2 台

空気ケーキのバリエーションは、全8種類。
季節ごとに4種類ほどが店に並ぶ。各200円＋税

高畑

空気ケーキ。

くうきケーキ

カフェ　スイーツ

奈良のおいしいが満載でおみやげにも最適

店名にもなっている、自然豊かな空気をたっぷり含んだふわふわの「空気ケーキ」が看板商品の洋菓子店。生地もクリームもふわっと軽くて食べやすい独特の食感です。奈良ブランドのイチゴ「古都華」など、地元の食材や季節のフルーツを使った商品が多く、なかでも冬季の一番人気は「大粒古都華のミニデコレーション」。たっぷりのイチゴとふんわりとしたスポンジとの相性が抜群です。常時生ケーキ20種類、焼菓子30～40種類が並び、併設のカフェでドリンクとともに楽しめるのがうれしいところ。

オーナーシェフの脇田義朗さんは、奈良みやげとして定着するようにと、鹿や大仏様などをモチーフにしたパッケージデザインも大切にしてきました。「おいしい洋菓子で奈良の街をもっと盛り上げたい」という思いがたっぷりこもっています。

生まれも育ちも奈良のオーナーシェフ、脇田義朗さん

▲▶好きなケーキを選んで、ドリンクとともに楽しめる。ドリンクは約20種類用意
▲奈良のテーマカラーを使ったかわいい手さげ袋は60円　▶庭を臨むカウンター席も人気

奈良月ケ瀬の
「有機奈良紅茶」495円

大粒古都華のミニデコレーション660円＋税

天香具山のはっさくのケーキ550円＋税、ロイヤルミルクティー 605円

ギフトにぴったりの焼菓子500円〜も鹿モチーフの容器に。3種類買うと箱代無料

menu

◇有機コーヒー（H/I）・・・・・・・495円
◇つづける茶山の有機紅茶（H）・・・660円
◇スペシャルロイヤルミルクティー・715円
◇自家製のむヨーグルト・・・・・・440円

information

奈良市高畑町 738-2
0742-27-2828
9：00 〜 18：30　　火・水曜休み（祝日・イベント時は営業）
テラスは喫煙可
http://www.kuukicake.com

JR・近鉄奈良駅より＜バス＞市内循環外回りで破石町下車、東へ１分　　P11 台

みんなが心地よく過ごせるように作り上げた空間

高畑

GELATERIA FIORE

ジェラテリア フィオレ

カフェ　スイーツ

心がこもったジェラートを味わうひととき

店名の「FIORE」は、イタリア語で花。ジェラートで心に花を咲かせられたらという思いを込めています。やさしい色合いのジェラートは、素材と後味のよさを重視してレシピを考案。フレーバーの個性を引き立てたジェラートが、常時10種類ほど並んでいます。ジェラートがより美しく見えるように、真鍮やガラス製の高さのあるグラスに盛り付けるのもステキな演出です。

ゆったりとした店内は、天井やテーブルの上など、あちこちに飾られた美しいドライフラワーが独特な雰囲気を醸し出しています。ランチタイムには、オーナーが腕を振るうパスタやピザが味わえるのも魅力。石窯で焼くパリパリ&もちもち食感のピザが人気で、テイクアウトも可能です。できたての生ジェラートで作るジェラートクルドパルフェも要チェック。定期的に味が変わるのも楽しみです。

丁寧に盛り付けるジェラート

▲▶グラスに美しく盛り付けたジェラート。ダブル750円〜　▲店内奥にあるゆったりとしたソファ席も人気　▶できたての生ジェラートを使ったパルフェをアンティークグラスで

真赤なカップが印象的。
コーヒー 500円

ピザ、パスタともに
3種類がラインナップ。
各1,100円〜

menu

シングルジェラート550円〜

◇エスプレッソ・・・・・・・・・・500円
◇アールグレイ・・・・・・・・・・500円
◇シチリアレモンソーダ・・・・・・600円
◇ブラッドオレンジソーダ・・・・・600円

information

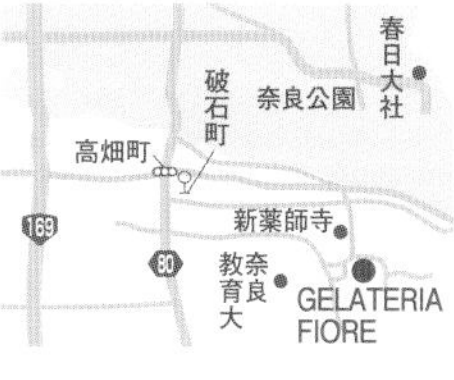

奈良市高畑町 464
0742-93-7866
11：00 〜 17：00（土日・祝日は〜 18：00、ランチは 15：00LO）
水曜休み、不定休
全席禁煙　@_gelateriafiore

JR・近鉄奈良駅より＜バス＞市内循環外回りで破石町下車、東へ 10 分　　P3 台

ピスタチオのペーストを練り込んだ
しっとり系のチョコレートケーキ580円

高畑

pieni blanc

ピエニブラン

カフェ　スイーツ

選りすぐりの材料で作るやさしい味の洋菓子

国産・フランス産の小麦粉、放し飼いの鶏の有精卵、フランスの砂糖、奈良県産のイチゴなど、厳選の素材を使って一つひとつ丁寧に作るやさしい味の洋菓子が魅力のお店。プリン、パウンドケーキ、チーズケーキなど、店内用とギフト用合わせて約30種類の焼菓子が並びます。人気は、自家製アイスを自家製クッキーでサンドした「アイスサンドクッキー」。バニラ、チョコなど定番5～6種類のほか、季節のフルーツを使ったアイテムも含め8～9種類のバリエーションがあります。

2、3日に一度、不定期で作る生菓子も評判で、SNSで内容を発信しています。夏は定番、季節もの含め5種類用意するかき氷が人気。顧客層は30～50代の女性が中心ですが、なかには男性の一人客も。商品数を充実させ、いつでも何かおいしいものが買える店を目指しています。

シールや便せん、ステッカーなどオリジナル商品も販売

定価1848円⑩

注文カード

〒102-0093東京都千代田区平河町一
FAX03-5276-3105

書店名	
注文数	冊

メイツ出版

奈良 こだわりのカフェ&お店案内
カフェ・パン・スイーツ・雑貨たち

あんぐる 著

ISBN978-4-7804-2763-9
C2026 ¥1680E

9784780427639

定価1848円
(本体1680円十税10%)

注文カー

イツ出版

奈良こだわりのカフェ&お店案内
カフェ・パン・スイーツ・雑貨たち

あんぐる 著

定価1848円
(本体1680円

ISBN978-4-7804-2763-9 C2026 ¥1680E

東京

1丁目1-8

▲▶明るくてカジュアルな雰囲気の店内は4人がけ、2人がけのテーブル席が全16席
▲窓際の4人席も人気
▶クッキー、フィナンシェなど焼菓子は、ギフト用の個包装も含め多彩にそろう

アイスサンドクッキー
（ラズベリー）530円

カフェラテ570円

クロックムッシュ
600円

menu

パリ・ブレストのかき氷
1,200円

◇自家製クランベリージンジャー（H/I）550円
◇カフェラテ（H/I）・・・・・・・・550円
◇ホットコーヒー・・・・・・・・・・480円
※記載の料金はすべて税別。テイクアウトは別料金

information

奈良市高畑町 1024-1
0742-93-4471
12：00～18：00（17：00LO）　不定休（SNS で確認）
全席禁煙
https://pieni-blanc.jimdofree.com

JR・近鉄奈良駅より＜バス＞天理駅または下山行きで福智院町下車すぐ　Pなし

紅茶のゼリーや古都華ソースがおいしい「古都華スペシャル」1,500円

天気のよい日には、お庭でも食べることができる

高畑

スイーツ

お庭shaveice miracolo

おにわシェイブアイス ミラコロ

お庭を見ながらかき氷を楽しむ

学生時代からかき氷が大好きだったという店主の奥谷美樹さん。念願かなってかき氷専門店をオープンしたのは２０１９年４月のことでした。「miracolo」はイタリア語で「奇跡」の意。かき氷屋さんの奇跡が起こってほしいという思いがこもっています。

奈良の古都華はもちろん、桃、マンゴーなど、旬のフルーツを多用したメニューを常時４～５種類用意。「くちどけのよいふわふわ氷を目指しているので、削りにはこだわっています」と笑う奥谷さん。どのメニューもゼリーやクリームなどを忍ばせているので、味変を楽しめるものばかり。１日に何杯も食べる常連さんがいるとか。やさしい味のかき氷は最後までおいしく楽しく食べられます。

砂糖傳の金平糖を振りかける塩ココパイン 1,100円

ほうじ茶ミルクピスタチオ～和栗クリーム・マロングラッセのせ～　1,300円

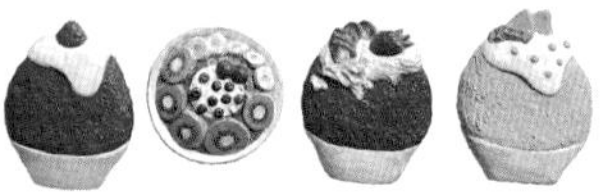

オリジナルのかき氷ブローチ（価格は未定）

information

奈良市高畑町 974
TEL なし
営業日 /4 ～ 11 月の水・木曜
10：00 ～ 16：00（15：30LO）
※営業日は SNS で要確認　@028miracolo

JR・近鉄奈良駅より＜バス＞天理または下山行きで福智院町下車すぐ　P なし

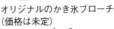

プレゼントにぴったりのクッキーやサブレなど

素材に寄り添う繊細なケーキ

この場所で長年営んでいた洋菓子店の機材などを譲りうけて、2020年にお店をオープンしたオーナーシェフの古谷伊吹さん。子どもの頃に特別な場所だったケーキ屋さんを楽しんでほしいと、ショーケースのディスプレイにも季節感を取り入れています。

オープン当初から人気のシュークリームは、シュー生地とパイ生地の二層で、注文を受けてからクリームを詰めます。プリンは、試作中にラム酒を入れすぎて偶然生まれたという大人のプリンと子どものプリンの2種類。しっかりとお酒が香るレーズンバターサンドも好評です。また、奈良といえばイチゴ。古都香や奈乃華、珠姫など、品種によって異なるイチゴの特徴を生かしたケーキを作っています。

壁に飾られたドライフラワーは、オープン以来の贈り物

高畑

伊吹洋菓子店

いぶきようがしてん

スイーツ

カントリーシュー 378 円、レーズンバターサンド 378 円。プリンは「大人のぷりんぷりん」「子供のぷりんぷりん」各 324 円

契約農家から届く季節の果物に合わせてケーキを作る

いちごのタルト 626 円

JR・近鉄奈良駅より<バス>山村町行きで高畑住宅下車すぐ
P なし

information

奈良市東紀寺町 2-10-17
TEL なし
10：00 ～ 20：00（売り切れ次第閉店）
※予約状況などにより変更の場合あり
不定休（SNS で確認）
@ibukiyougasiten10.01

「奈良のしかさんマフィン」は、持ち帰りやすい「おすわりしかさんマフィン」も登場。各 400 円

店の奥には作家もののアクセサリーなども並ぶ

高畑

幸福スイーツ
アルカイック

スイーツ　雑貨

幸せの夢スイーツをおみやげに

見るだけでほっこり温かい気持ちになれるスイーツが充実している専門店。鹿スイーツの元祖「奈良のしかさんマフィン」は不動の人気商品で、「おすわりしかさんマフィン」が新登場しました。マフィンは甘納豆+きなこがベースで、オレンジ+チョコやオリジナルＭＩＸフルーツなど4~5種類から日替わりで並びます。「奈良のしかさんサブレ」や〝ふん〟までかわいい「奈良のしかさんクッキー」とともにおみやげに最適です。

目下のおすすめは、結婚式や卒業シーズンなどのプチギフトに好評な「ＭＩＸ５」。人気の焼菓子5種類が入って、かわいい鹿のイラストがステキな化粧箱付です。いろいろ詰め込んだギフトセット「奈良のおみやげＢＯＸ」は、もらう人の笑顔が思い浮かびそうです。

奈良のしかさんクッキー（左）280 円、奈良のしかさんサブレ 480 円

彩りしかさんクッキー 470 円（化粧箱付）600 円

MIX5（化粧箱付）550 円（要予約）

information

奈良市福智院町 44-1
0742-24-7007
10：30 ～ 18：00
水曜休み
@archaique_happy

JR・近鉄奈良駅より＜バス＞天理駅または下山行きで福智院町下車すぐ　P なし

洋館のある森でティータイム

志賀直哉旧居の隣にある、洋画家中村一雄夫妻の自宅の庭を開放したガーデンカフェ。有形文化財にも指定されている土塀の中は、樹齢100年を超える大きなヒマラヤスギ、桜やミモザなどの木々に囲まれた、南フランスをイメージしたガーデンが広がっています。四季の花々が咲く庭は心地よく、丁寧に作られたお菓子と飲みもので、優雅なティータイムが過ごせます。

カフェのオープンから40数年、時を経てオーナーの中村画伯の奥さまを訪ねるリピーターも多いそう。現在は、息子で金工作家のヨウイチさんのアトリエギャラリーでもある、プロバンスの田舎家をモチーフに建てられた洋館の見学もできます。

年季の入った古い机、やさしい照明で、店内も癒される雰囲気

木陰でマイナスイオンを浴びながら飲む、コーヒーやビールは最高

高畑

たかばたけ茶論

たかばたけさろん

カフェ

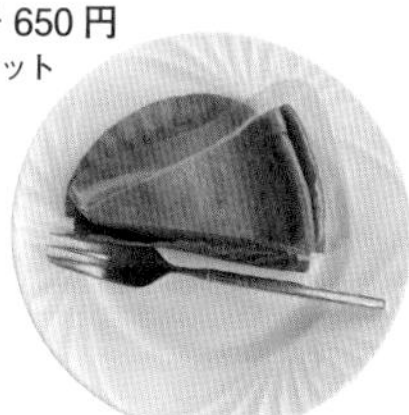

チーズケーキ 650円
※ドリンクとセットで100円引き

店内には中村画伯の絵も

JR・近鉄奈良駅より<バス>市内循環外回りで破石町下車、東へ5分　Pなし

information

奈良市高畑町 1247
0742-22-2922
14：00～18：00（17：30LO）
営業日／金～日曜、祝日
喫煙可　@takabatake_salon

コーヒー（ブレンド・アメリカン）600円

建築デザイン事務所「ひとともり」、ゲストハウス「一灯」からなる趣のある空間

生姜の足湯 1,100 円（ひとくち生姜シロップ付）

高畑

生姜足湯休憩所

しょうがあしゆきゅうけいしょ

カフェ

生姜の足湯でリラックス

築１４０年の建物をリノベーションした足湯カフェ。散策途中でリラックスできるひとときを提供しています。足湯には高知県産の無農薬生姜を使用。すりおろすことで酵素が増える生姜の香りにつつまれながら奈良吉野杉を使った樽の中で足の先からポカポカと温まり、デトックス効果も期待できます。春から秋にはラベンダーやペパーミントなど、ハーブ入りの生姜足湯も登場します。

　足湯とともに楽しみたいカフェメニューは、自家製ドリンクをはじめ、グルテンフリーのスイーツや秋冬限定の白玉抹茶ぜんざいなど各種。店内一角の「オーガニックキヨスク」では、調味料や焼菓子など、ヘルシーで安心なセレクト商品を販売しています。

クリーミー仕立て抹茶ソイラテ（H・I）660 円

濃厚カカオのナッツムース（数量限定）500 円

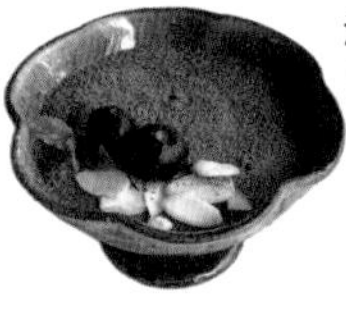

オーガニックキヨスクのセレクト商品。自家製ひしお麹 145g 入り 400 円など

information

奈良市福智院町 1-3
080-3771-5354
11：00 ～ 17：00
営業日／金～日曜、祝日
全席禁煙　@hitotomori_nara

JR・近鉄奈良駅より＜バス＞天理駅または下山行きで福智院町下車すぐ　P なし

奈良のかき氷！①

「かき氷の聖地」とも呼ばれる奈良。氷にまつわる歴史は古く、奈良時代に氷室を設けて守護神をまつった氷室神社では、毎年５月に献氷祭が行われます。かき氷を提供するお店も多く、かき氷の食べ歩きも楽しめます。ここでは、本編に載せきれなかった各店のかき氷を紹介します。

※掲載しているかき氷の内容は変わる場合があります。提供期間など、詳細は各店にご確認ください。

マンゴー杏仁みるく 1,400円

宮崎県産のマンゴーを使用。自家製杏仁豆腐入りで、３種のフルーツで作ったソースが美味

お庭 shaveice miracolo (p.64)

丸ごとメロン 1,980円

メロンを丸ごと器にして、丸くくりぬいたジューシーなメロンをたっぷりトッピング

堀内果実園 (p.34)

レモンかき氷 900円

フレッシュレモンやレモンのコンフィチュールを使ったさわやかかき氷

ナナイロフルウツ (p.46)

まるごとフルーツ氷 500円

ミルク味のかき氷＋瞬間冷凍して削った完熟フルーツ。スイートな練乳＆酸味がマッチ

大仏いちご (p.29)

チョコバナナのかき氷 900円

バナナの果肉に生バナナソースやミルクエスプーマ、ミルクのシロップも。パイもトッピング

ナナイロフルウツ (p.46)

ザッハトルテのかき氷 1,400円＋税

バニラのアイスクリーム入りで、極早生みかんジャムとビターチョコのシロップが美味

pieni blanc (p.62)

クリスマス氷 1,500円

ホワイトチョコレートと抹茶をエスプーマにした、クリスマスツリー型のかき氷

Kakigori ほうせき箱 (p.38)

初夏のイエロー氷 1,400円

柑橘と柿の葉茶とパイナップルを合わせたシロップが美味の、さっぱりしたかき氷

Kakigori ほうせき箱 (p.38)

【まほろし】

読書室やカフェ、クローゼットを改装したレトロ雑貨ショップ、小さな市など、月に4～5回オープンする幻の街「まほろし」。きたまちの一軒家で、4名のメンバーが運営する公民館的なコミュニティーで、2階には工房やギャラリーもあります。不定期でイベントも開催しているので、詳しくはSNSをチェック。

奈良市多門町564-1
@mahoroshi2020

アジアの街角チャイ屋さん

クローゼットショップ
「neniqri（ネニクリ）」

【奈良公園バスターミナル】

観光バス専用のターミナル。館内には食堂やカフェ、みやげもの店などがあり、奈良公園散策の休憩などにも便利。1・2階の展示室では、オリジナルマップの作製や情報検索ができます。屋上庭園は若草山や奈良公園を一望できるおすすめの休憩スポットです。

奈良市登大路町76
0742-81-3151
7:30～20:00（店舗により異なる）
休みなし（店舗により異なる）

きたまち

【ゆりゆり BOOKS】

奈良の一箱古本市「大門玉手箱」の出店をきっかけに、2019 年にオープンした絵本専門店。読み聞かせ活動もする店主がセレクトした国内外の絵本を壁一面に展示しています。大人が楽しめる絵本も多数。

奈良市北袋町 32-6
080-6184-0950
11:00 〜 16:30
営業日／火・金・土・日曜
@butsukusuyuriyuri

初宮神社で開催！

「大門玉手箱一箱ふるほん
＋あるふぁ市」

基本第 2 日曜に開催
@ohmontamatebako

「初宮さんの五縁市」

毎月 5・15・25 日に開催

雰囲気のある2階。
種類豊富なアルコールとのペアリングを楽しんでも

きたまち

日常に寄り添うお菓子で、元気になろう!

Cafe & Bake
Allons Bien
アロンビアン

カフェ　スイーツ

古き良き雰囲気が残る船橋商店街にあるPOOLの２号店として、２０２２年10月、３軒隣にオープンしたフランス焼菓子のお店。店舗は長年薬局を営んでいた建物で、レトロな書体の看板をはじめ、薬の種類が書かれた棚や調剤室の表示があるガラス扉など、懐かしくて新しい雰囲気も魅力です。また、フランス語で「元気になろう」という意味の店名は、薬をもらって元気になる薬局のように、ここに来て元気になってもらいたいという思いから。店内では、笑顔あふれるスタッフが迎えてくれます。

店頭にはたくさんの焼菓子が並び、毎日仕入れる旬のフルーツをコンポートやコンフィチュールにした生タルト、焼きタルトなどが揃います。イートインでは、そのケーキにあったソルベやクリームが添えられ、それぞれのマリアージュが楽しめます。

ゆったりとしたソファの
特等席

▲▶いちごのタルト950円（イートイン） ▲1階の店頭に並ぶ焼菓子。カヌレ330円（イートイン350円） ▶店頭のテーブルや棚の中には、フランスやイタリアの珍しい商品がたくさん

アップルパイ650円（イートイン）。りんごのコンポートをぎっしりロール

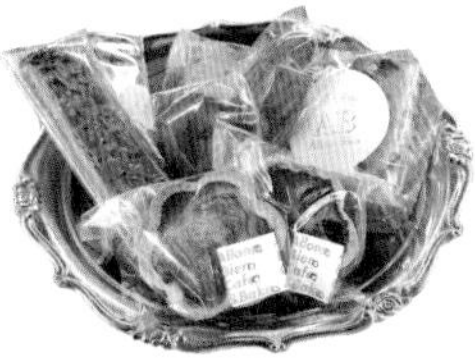

基本に忠実でシンプルな焼菓子

イートインのケーキはドレスアップ

フルーツたっぷりの焼きタルト750円（イートイン900円）

menu

◇本日のコーヒー・・・・・・・・・・450円
◇紅茶・・・・・・・・・・・・・・550円
◇ワイン各種（グラス）・・・・・・700円〜
◇ビール各種・・・・・・・・・・・740円

information

奈良市船橋町５
070-3891-1022
12：00〜17：00
火・水曜休み
全席禁煙　　@cafeandbake_allonsbien

近鉄奈良駅 7-N 番出口より北西へ８分
P4 台（日祝のみ駐車可）

シンプルだからこそ味わい深い
塩バターシュガー 700円、コーヒー 400円

きたまち

クレープと珈琲
Fajii
ファジー

カフェ　スイーツ

生地を味わうシンプルなクレープが美味

近鉄奈良駅からほど近い、東向北商店街にあるクレープのお店。ゆったりとした厨房の中で、丸いクレープ台が存在感を放っています。おすすめはシンプルな塩バターシュガー。生地をしっかり味わってもらえるようにと、奈良県産小麦粉と米粉のもちっとした食感に全粒粉の香ばしさを加え、シンプルで味わい深い仕上がりに。スイーツ系やおかず系、季節のフルーツを使ったクレープも揃います。お店とほぼ同じ配合のクレープミックスも販売し、家でも気軽にクレープが味わえます。また、店頭のカウンターで目を引くのは毎日作るドーナツとカヌレ。シンプルなレシピのドーナツは、ふんわり軽い口あたりが人気の秘訣です。月1回、夜にもオープンする「ナイトファジー」を実施、この日限定で、お酒によく合うガレットが登場。楽しみに訪れる人がたくさんいます。

もちもちで食べ応えのある
クレープ

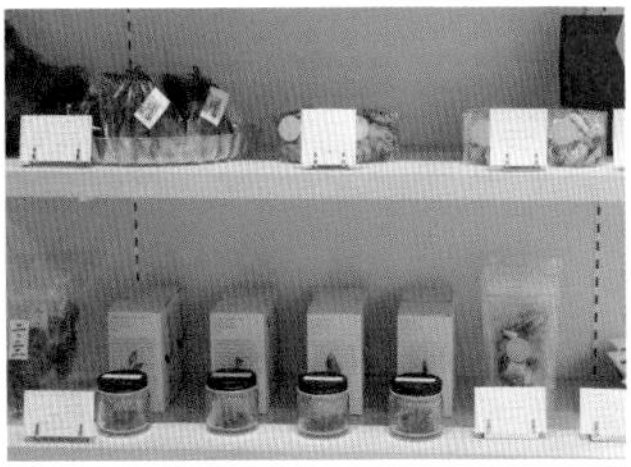

▲▶カウンター席がある店内。東向北商店街に面した2席と奥に4席　▲棚にはクッキーや季節の焼菓子、ドリップパックなどが並ぶ　▶コーヒーと楽しみたいドーナツは、イートインもOK

サクッとした食感の大きなドーナツ。1個250円

エスプレッソ入りでほろ苦い、コーヒーサブレ300円

コーヒー 400円

menu

◇あんバター・・・・・・・・・・・800円
◇ゴルゴンゾーラ&ハニー・・・・・900円
◇生ハムと目玉焼きとサラダ・・・1,000円
◇カフェラテ・・・・・・・・・・・500円

赤と緑がキュートな
チェリークッキー 300円

information

奈良市花芝町 25
0742-27-2882
11：00 ～ 16：00
日・月曜休み
全席禁煙　　@fajii.cp

近鉄奈良駅 1 番出口より東向北商店街を北へ 2 分
P なし

明るい光が降り注ぐ温かみのある店内。
たくさんの植物が居心地のよさをプラス

きたまち

火と実 coffee

ひとみコーヒー

カフェ

珈琲の香りが漂う心地よい空間

　奈良の人たちとの出会いから、きたまちの長屋にカフェをオープンした西野仁美さん。数年が過ぎた今、「奈良以外のところで奈良を紹介するのが楽しい」と話します。県内外のイベントにも積極的に出店し、そこで出会った人たちがお店を訪ねてくれるのがうれしく、奈良の話で盛り上がります。

　コーヒーはシングルオリジンのみで、木津川の中山珈琲焙煎所から。長年コーヒーの会社に勤務していた西野さんの目利きで、その時々のいい豆を選んでいます。店内で味わうのはもちろん、西野さんが焙煎所に出向いて挽きたてのコーヒーを袋詰めするオリジナルドリップカフェもおすすめ。家でも至福の一杯が楽しめます。リピーターが多い土・日曜のモーニングや、奈良県内・外のおいしいパン屋さんのトーストがメインのブランチセットで、くつろぎの時間が過ごせます。

古い造りを生かした
インテリアもいい雰囲気

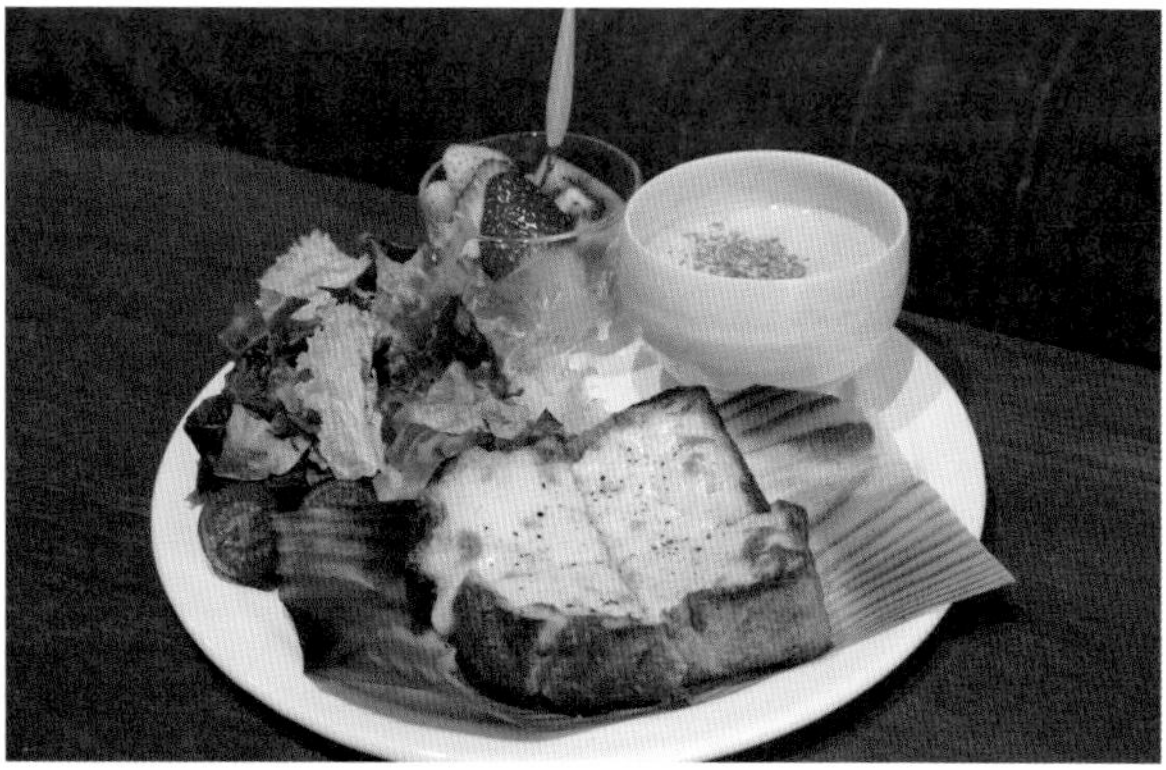

▲▶ブランチセット1,350円。この日は3種類のチーズが味わい深いチーズトースト　▲店主の人柄もお店の魅力　▶有精卵とすだき糖で作る、ぴよたまプリン

仕込み中のイチゴとレモンの酵素シロップ

ドリップカフェ（5袋入）
800円

すっきりとした味わいの
ストレートコーヒー

自家製の酵素シロップ
（ソーダor水）

menu

◇ストレートコーヒー・・・・・・・500円
◇オーガニックハーブ紅茶・・・・・600円
◇ぴよたまプリン・・・・・・・・・600円
◇自家製酵素シロップ・・・・・・・600円

information

奈良市西笹鉾町 2
TEL なし
11：00 ～ 18：00（17：00LO）
不定休（SNS で確認）
全席禁煙　　@hitomi_coffee

近鉄奈良駅 1 番出口より北へ 15 分
P なし

サイダーの中に色とりどりの果物。
フルーツポンチ700円

きたまち

TEGAIMON CAFE

テガイモンカフェ

カフェ

古都の景色を眺めながら旬の果物を味わう

東大寺転害門の向かいにあるジューススタンド。奈良県産のイチゴ、古都華やあすかルビー、ゆめのかを使ったイチゴミルクや、奈良県産無農薬ミカンを絞った果汁100%のジュースをはじめ、桃やスイカ、シャインマスカットなど、旬の果物がもつ瑞々しさを味わえます。かわいいビジュアルのフルーツポンチは、季節の果物を一口大に切ってサイダーに入れたらおいしいかも?とひらめいたもの。たくさんの果物がさわやかな味わいです。冬場の人気、つぼ焼き芋は、ほくほくして甘みたっぷりの鳴門金時と、しっとりとしてスイーツのような紅はるかの2種類。壷の中に吊るし、遠赤外線で2時間じっくり焼き上げます。

古い造りを生かした店内には、大きなテーブル席と転害門に面したカウンター席があり、転害門で遊ぶ鹿を眺めながら、ゆっくりできます。

たくさんのみかんを絞って
1杯のジュースに

▲▶町家を改造した店内は、天井を高くして開放感たっぷり　▲窓から転害門を一望。鹿が遊ぶ姿が見えることも　▶フレッシュなみかんジュースとキウイジュース。各600円

フレッシュイチゴのかき氷
900円（GW限定）

さわやかな酸味の
ホットレモン600円

紅はるか600円、鳴門金時500円
お昼過ぎに焼き上がる

ふんわり甘いイチゴミルク600円

menu

◇レモンスカッシュ・・・・・・・・500円
◇本日のミックスジュース・・・・・600円
◇ホットフルーツミックス・・・・・600円
◇コーヒー・・・・・・・・・・・・・500円

information

奈良市手貝町 1-1
TEL なし
11：00～17：00　　水・木曜休み
全席禁煙　　@tegaimon_cafe

近鉄奈良駅より＜バス＞青山住宅行きで手貝門下車すぐ。近鉄奈良駅 1 番出口より北東へ 16 分
P なし

ロック、ソウル、ジャズ、歌謡曲などを中心に、
洋・邦問わずレコードがそろう

きたまち

Pleased to meet me

プリーズドトゥミートミー

カフェ　雑貨

レコードから伝わる懐かしさと新しさ

　昭和の喫茶店そのものの店構え。店頭や店内にはたくさんのレコードが置かれ、「喫茶店かレコード屋か、何かわからなくて入るのに勇気がいるかも」と店主の島田さん。オープンから丸6年が過ぎ、「よくわからない喫茶店として認知されています」と笑います。懐かしいレコードも若い人たちにとっては新鮮で、レコードの時代にあったものやその時代の空気感を感じとっているようです。メニューもレトロなビジュアルのクリームソーダやコーヒーフロートなど店内の雰囲気にマッチしたものや、オープン当初から人気のファラフェルをはじめ、フレッシュトマトスパゲティやカレーなど、フードメニューも揃っています。

　店内に響く音楽とともに、レコードを見たり、店主との音楽談義に盛り上がったり。2~3時間ゆっくり長居をするお客さんも多いそうです。

店主の島田さんは、
元バンドマン

▲▶クリームソーダは、メロン・桃・日向夏の3種類。650円　▲関西では珍しい銘柄のアメリカのクラフトビールなど、アルコールも種類豊富　▶レコードのほかにカセットテープもたくさん

甘さ控えめのぜんざい（冬～春）700円

森井ファームのオーガニック和紅茶500円

イスラエルやエジプトのソウルフード、ファラフェル・ピタサンド750円

レトロなグラスで登場。珈琲フロート650円

menu

◇珈琲（H/I）・・・・・・・・・・・・500円
◇珈琲ゼリーフロート・・・・・・・700円
◇ウイスキー・・・・・・・・・・・500円～
◇バーボン・・・・・・・・・・・・700円～

information

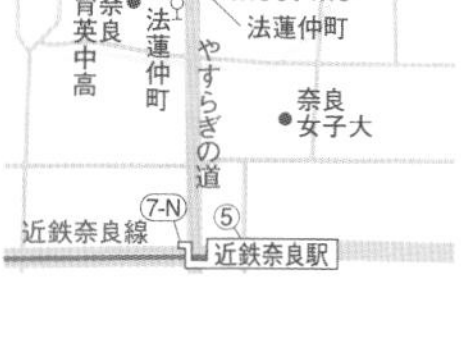

奈良市法蓮町 1249-1
0742-42-6426
12：00～21：00（20：00LO）
月・金曜休み（不定休あり、SNS で確認）
全席禁煙　　　@kissa_ptmm

近鉄奈良駅 7-N 番出口よりやすらぎの道を北へ 11 分
P なし

季節の養生ランチ1,500円。この日のメインは、
野菜たっぷりベトナム風ビーフトマトシチュウ

きたまち

あじあの薬膳おばんざい

藍布

らんぷ

カフェ

アジアの薬膳で体の中から元気になる

東洋医学に直結したアジアの食文化に関心をもち、「漢方や薬膳を学べば学ぶほど、もともとあるレシピがいかに理にかなっているかがわかる」と店主の里井啓子さん。普段の料理にも漢方の教えが入っているアジアの薬膳料理を出したいと、薬膳が身近に感じられるメニューを提供しています。季節の変わり目に対応した「季節の養生ランチコース」は、体を温めるアジアの煮込み料理と季節の雑穀ごはんをメインに、前菜2種と漢方の生薬を加えたスープ、食後の養生茶とアジアンデザートのセット。同じ季節でも暖かかったり寒かったりする日々の変化に合わせて、週ごとに内容が変わります。

ランチ後にアジアのドリンクを楽しむのもおすすめ。香港でポピュラーな鴛鴦茶《いんよんちゃ》は、コーヒー＋紅茶＋ミルク。不思議な組み合わせながら、仲睦まじい鴛鴦《おしどり》のように、ぴったりはまる味です。

漢方や薬膳に関する書籍なども

▲▶アジアの温もりが感じられる、ゆったりとした店内　▲アジア雑貨をディスプレイ　▶食後の養生茶とアジアンデザート。この日はサツマイモ入り八宝みつ豆とローズ紅茶

豆や野菜たっぷりの前菜2種

食後の養生茶。夏は緑茶、冬は紅茶などをセレクト

香港の定番B級ドリンク鴛鴦茶

menu

季節の移り変わりを感じ、普段の食事を考えるきっかけに

◇ひよこ豆のカレーランチ・・・・・1,200円
◇鴛鴦茶・・・・・・・・・・・・・・450円
◇ベトナムコーヒー・・・・・・・・・450円

information

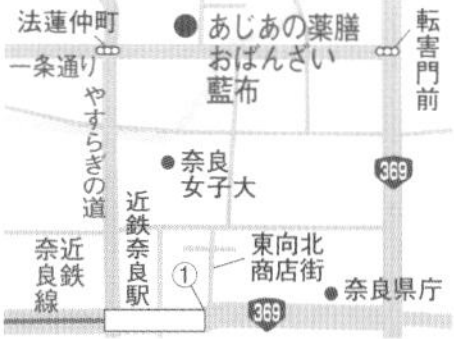

奈良市法蓮町 1232
0742-27-1027
11：30~16：00（ランチ 14：30LO）
月・火・水曜休み
全席禁煙　@lamp.asiayakuzen
近鉄奈良駅 1 番出口より北へ 15 分
P 1 台

築100年の古い木造建築の温もりにつつまれ
時空を超えた素敵な異空間にいる気分に

きたまち

工場跡事務室

こうじょうあとじむしつ

カフェ

東大寺の旧境内地に建つレトロな工場跡

大正14年築の雰囲気のある木造建築が、訪れる人の心をとらえて離さない工場跡事務室。大正時代に乳酸菌飲料「フトルミン」を開発・製造する工場だった建物の一角が、2009年にカフェとして生まれ変わりました。タイムスリップしたような懐かしさを感じる空間は、ほかにはない魅力です。

　店内は、工場に残っていた備品などもしつらいに取り入れた、温もりのある雰囲気。研究室で使われていた蒸発皿が、砂糖入れに使われていたりします。メニューは、なるべく体にやさしい手作りのもの。人気のモーニングは、空気が澄んだ早朝、東大寺などを参拝、散策した前後にぜひ食べたい一品です。スペシャルティコーヒーや、月ヶ瀬産の和紅茶、大和茶のメニューも豊富。朝食前に工場跡を見学できる「見学ツアー付朝食セット」（要予約）もおすすめです。

建物を解説付きで
見学できるツアーも

▲▶朝のセットメニュー1,450円（～ 10：30）。数量限定なので予約がベター
▲テーブルやカウンターから、外を歩く鹿が見られることも　▶元事務室として使われていた畳スペース

工場跡ブレンド珈琲
ドリップパック各200円

和歌山の青梅を漬けた
自家製梅ジュースの
ソーダ割り　700円

デザートのお楽しみ皿　650円

ほうじ茶ラテと白玉だんごのセット
1,000円

menu

◇パストラミサンドイッチのセット・1,450円
◇ツナと卵のサンドイッチのセット・1,450円
◇梅シロップのかき氷（夏季）・・・・800円
◇和紅茶のハーブブレンドティー・・700円

information

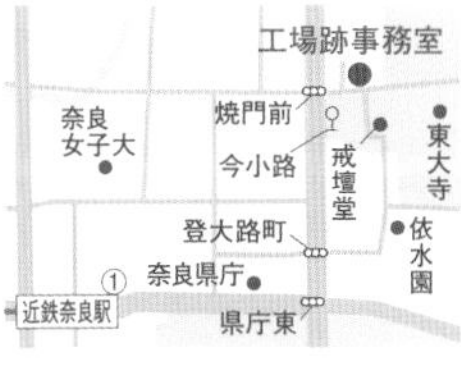

奈良市芝辻町 543
0742-22-2215
8：30 ～ 17：30（17：00LO、金曜は 11：00 ～）
営業日／金～日曜、祝日
全席禁煙　https://www.kojoato.jp

JR・近鉄奈良駅より＜バス＞青山住宅行きで今小路下車、北へ 2 分。近鉄奈良駅 1 番出口より北東へ 15 分　　P なし

奥には、靴を脱いで上がるスペースも。本に囲まれ、時間を忘れてしまいそう

きたまち

ミジンコブンコ

カフェ

本とスパイスを楽しむ、ゆったりとした時間

日々の生活にスパイスを取り入れたいという店主の人見修司さんが作るカレーは、南インドのレシピがベース。旨みたっぷりの辛口で、ミジンコブンコ定番のチキンカリィと、唐辛子抜きのミートカリィ、日替わりで味わえるきまぐれカリィの3種類が揃います。スパイスを加えた野菜のおかず4種＋カレーのミジンコプレートでは、組み合わせによって醸し出されるスパイスの奥深さを堪能。オリジナルチャイなど、スパイスを取り入れたドリンクをはじめ、しっかりとしたカカオ感ながら、あっさりした味わいの豆腐で作るブラウニーなど、工夫を凝らした自家製ケーキもおすすめです。

あちこちにある本棚やテーブルの上に、あふれるほどの本が置かれた古い町家の店内で、スパイスを挽く音と香りにつつまれながら、のんびりとした時間が過ごせます。

広いカウンター席は
一人の時間にぴったり

▲▶3種類から選んだカレーにスープと4種のおかずが付くミジンコプレート1,200円
▲土間のテーブル席やカウンター席も、ゆっくり落ち着く ▶お豆腐のブラウニー500円

コーヒー 500円

スパイスセット「カレーの1ページBOOK」1,000円

きんかんのチーズケーキ500円

りんごとレーズンを混ぜ込んで焼いた、りんごのケーキ500円

menu

◇チャイ（H/I）・・・・・・・・・・・500円
◇ホットスパイスアップル・・・・・500円
◇はとらずリンゴジュース・・・・・500円
◇自家製ジンジャーエール・・・・・500円

information

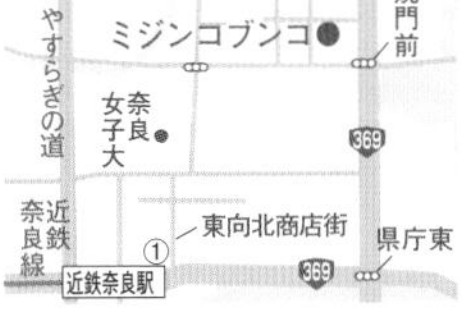

奈良市東笹鉾町 41
0742-24-8231
11：30 〜 17：30（17：00LO）日・月曜休み
※ 5・15・25 日は初宮神社で「五縁市」主催のため休み
全席禁煙　　@mijincobunco2

近鉄奈良駅 1 番出口より北東へ 15 分
P なし

SOUSUKE1,200円、シュガーバター（クレープ）900円（ドリンク付）、柿の葉茶410円

明るい雰囲気の店内は、イートインスペースと物販スペースがある

きたまち

柿の葉茶専門店《かきのはちゃせんもんてん》 SOUSUKE《ソウスケ》 by ほうせき箱

カフェ　スイーツ　雑貨

柿の葉茶のおいしさを伝える

２０２２年4月、奈良公園バスターミナルの一角にオープンした、かき氷の「ほうせき箱」の姉妹店。奈良県天理市の耕作放棄地を活用して、農薬や肥料不使用で育てた柿の葉を使ったお茶や加工品を置く柿の葉茶専門店です。

店で楽しめる柿の葉茶は、柿葉を蒸し製法で製茶したプレーン、和紅茶や煎茶とのブレンド、ほうじ茶のような風味の薪火焙煎深煎など6種類あります。また、ほうせき箱の姉妹店らしく、柿の葉茶を使ったシロップの「SOUSUKE」ほか、かき氷は通年提供しています。期間限定で、柿の葉入りの生地で作るガレットやクレープも食べることができます。地元産柿の葉茶の魅力を、豊富な栄養素も含め、いろいろな形で発信していきます。

柿の葉茶はティーバッグや茶葉など各種330円〜

柿渋ふきん715円、柿渋入り柿の葉茶飴400円

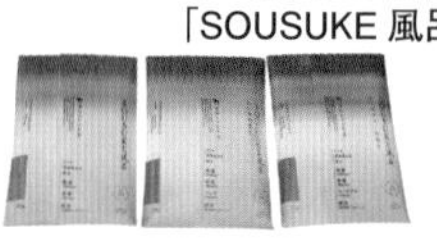

柿の葉入り入浴剤「SOUSUKE風呂」各330円

information

奈良市登大路町76
TELなし
11：00〜17：00LO（物販は10：00〜18：00）
月曜休み（物販は無休）
@kakiha_sousuke

近鉄奈良駅1番出口より東へ7分
Pなし

クロワッサンが得意な人気店

食べ歩きが趣味で、パンやスイーツが大好きだった店主。趣味が高じて音響効果を手がける全く異業種の仕事から転身、京都のパン屋で修業し、地元に帰ってオープンしたのが２０１７年のことでした。

かわいらしい店内には常時約30種類のパンが並びます。得意な発酵バターを折り込んだクロワッサンをたくさん用意。外サクッ、中ふんわりの食感が美味です。人気は、クロワッサン、エッグタルト、カンパーニュ、食パンなど。奈良の野菜を中心に使ったキッシュも好評です。新作や季節ごとのパンが出るたびに訪れるお客さんも多く、人気が定着しています。今後は穀物やフルーツ入りのパンを増やし、通信販売も始める予定です。

冷蔵庫には、サンドイッチなど調理パンやバスクチーズケーキなどが並ぶ

スタッフがショーケースから注文のパンを取るスタイル

きたまち

panc

パンク

パン

クロワッサン 230 円、オニオングラタン 350 円、エッグタルト 250 円

カンパーニュ 1 本 700 円、1/2 本 350 円、食パン 1 本 500 円、1/2 本 250 円

近鉄奈良駅 7-N 番出口より北へ 5 分
P なし

information

奈良市北小路町 4-13
TEL なし
10：00 ～ 16：00
月～水曜休み
@pancbakery

キャラメルケーキ 250 円（左）、フルーツケーキ 330 円

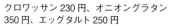

天井から床までの大きなガラス扉の向こうに中庭が見える

1杯ずつ豆を挽き、丁寧にハンドドリップ

NORR COFFEE ROASTERS

ノールコーヒーロースターズ

カフェ

奈良きたまちの小さな焙煎所

コーヒー豆の焙煎をするために、場所探しから始めたオーナーの中村成宏さん。数年かけて土地を探して家を建て、焙煎所を始めました。店名のNORRはスウェーデン語で北という意味。奈良きたまち発祥という思いをこめています。現在は少量ながら、高品質なスペシャルティコーヒーの持ち味を最大限に引き出す焙煎を追求。コーヒーはクリアなブレンドをはじめ、焙煎度合いが違う4種類で、それぞれの豆も販売しています。

店内では、展示なども開催。個性的なイラストのドリップバッグ展は、作家さんの発表の場にもなっています。中庭や中2階のあるステキな空間で、コーヒーや焼菓子、沼津のクラフトボトルビールが味わえます。

ブレンドコーヒー 480円

イラストを選ぶのも楽しいドリップバッグ
各200円

テイクアウト用の紙コップ。ロゴにも「きたまち」の文字が

information

奈良市北半田中町16
TELなし
13：00～17：00
金・土曜休み（SNSで確認）
@norrcoffeeroasters

近鉄奈良駅1番出口より北へ10分
Pなし

心がおどる手芸雑貨たち

白い一軒家のかわいらしいお店には、国内外ヴィンテージの布をはじめ、ボタンやチロリアンテープ、ワッペンなどの小さなものがぎっしりと並んでいます。鹿を描いたオリジナル手芸雑貨ブランド「ならの森」の温もりが伝わるテキスタイルや雑貨のほか、鹿などをモチーフにした作家作品もたくさん。奈良らしい個性が光るお気に入りがみつかります。

店内で実施する洋服づくりのワークショップは、ワイドパンツやサロペットなど、3～4時間でできる作品もあり人気。布は持ち込みも可能です。また、「手作業の楽しさを伝えたい」と、すぐ近くに手芸アトリエをオープンし、刺繍や編み物など、今まで以上に幅広く、ワークショップを開催しています。

ヴィンテージのボタンやオリジナル手芸雑貨がぎっしり

バッグや洋服、小物など、完成品やキットのほか、セミオーダーも可能

きたまち

foo stitch

フゥーステッチ

雑貨

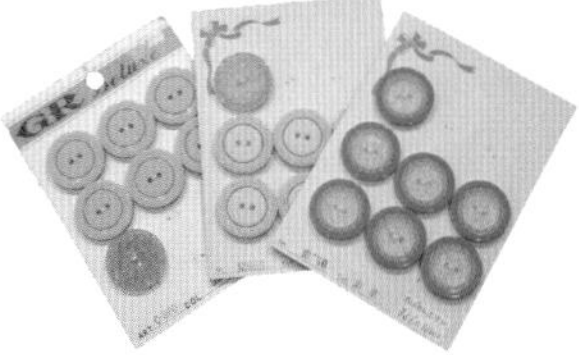

オリジナルアクリルボタン1個660円

ドイツのヴィンテージテキスタイル 1m2,200円～

近鉄奈良駅1番出口より北へ10分
P1台

information

奈良市北袋町20
0742-87-1025
12：00～17：00（教室は10：00～）
日・月・火曜休み
https://www.hello-foo.com

「ならの森」のテキスタイルで作るスマホカバー2,750円とスマホケース4,400円

白を基調とした店内に、
タルトやクッキーが並ぶ

かわいさに思わず歓声が出そうな
クッキー缶（大）2,800円

きたまち

ちてはこ菓子店

ちてはこかしてん

スイーツ

素朴で上質なタルトとクッキー

「父の手と母の心」の頭文字を取って名付けられた「ちてはこ」。店主の岩井さんが作るタルトやクッキーは、母の心のようなやさしいおいしさです。

店内に並ぶタルトは、常時8～10種類。無農薬・減農薬の安心して食べられる選りすぐりの果実を、自家製コンフィチュールに炊き込み、リキュールを使って香り豊かに焼き上げています。アーモンドクリームにそれぞれ違うアクセントの味付けを施した、ベースのおいしさも格別。奈良県産小麦粉を使用したタルト生地は、甘みが少なくぺろりと食べられます。保存料は不使用ですが、焼菓子なので賞味期限が5日～1週間と長めなのも魅力。SNSでも評判のおいしくてかわいいクッキーも人気です。

古都華のタルト
650円

一番人気、しまなみレモンと
ココナッツのタルト550円

詰め合わせて
プレゼントに

information

奈良市法蓮町1232
0742-26-0669
11：00～17：00
月曜休み（祝日の場合は翌日）

近鉄奈良駅1番出口より北へ
15分
P 1台

畳敷きスペースのちゃぶ台。店内では作品展やワークショップも開催

心に響く器と出会う

「心にビビッとくる人から感じとる感性を大切にしたい」と、店主の岡本崇子さん。２０１１年のオープン以来、カジュアルで使いやすい作家ものの器と雑貨を扱っています。店内では、奈良や関西エリアのほか、全国のいろいろな作家さんの作品に出会うことができます。セレクトのポイントは、飾っておくものではなく日常使いができるもの、手入れが楽で難しくないもの。陶器やガラス器、木製品など、リーズナブルで手にとりやすく、普段の生活に取り入れたいものばかりです。

　店内奥の畳敷きのスペースには、ゆっくり見てほしいと、ちゃぶ台が置かれています。部屋や食卓にひとつ加えるだけで気持ちが豊かになる、ステキな器がみつかります。

外の光によって見え方が変わる、入口のガラス扉も印象的

きたまち

器人器人

きときと

雑貨

【鈴木明美】水玉角皿（大）3,300 円、水玉金彩湯のみ 2,640 円

【阪井ひとみ】キノコ付 CUP2,970 円

キノコ大 1.650 円
小 550 円

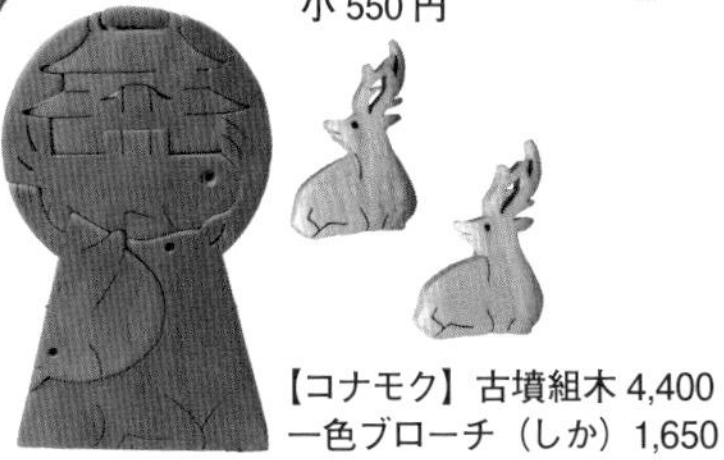

【コナモク】古墳組木 4,400 円
一色ブローチ（しか）1,650 円

近鉄奈良駅 1 番出口より北へ 15 分
P1 台

information

奈良市東包永町 61-2
0742-26-8102
11：00 ～ 18：00
木曜休み（祝日は営業）
@kitokito26

関西では唯一、全国でも珍しい専門店で、ストラップは約 50 種類並ぶ

オンラインショップでも人気のコンコンブルのマスコット 440 円～

きたまち

PHOTO GARDEN

フォトガーデン

雑貨

カメラ女子ご用達の専門店

２０２３年、オープン10周年を迎えたカメラグッズ専門店。店内には、カメラケース、ストラップ、カメラバッグ、三脚ケース、レンズポーチやＳＤケースなど、カメラ女子ならほしくなってしまうおしゃれな実用雑貨がズラリと並びます。共布を使ったケースとストラップや防水加工が施されているものなど、気の利いた手作り品が多いのも特徴です。

また、古物商の免許を取得して、中古のフィルムカメラの扱いを始めました。こちらは若い世代から人気だそう。いろいろな人に来てほしいという思いで、写真教室のメニューを一新しました。初心者コースもあってカメラを始める第一歩になりそうです。カメラ女子会「SHA.sha.PAKU」も健在。詳細はＨＰを参考に。

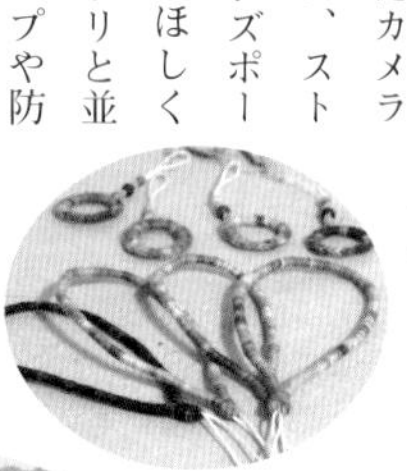

ショートストラップ 1,210 円、フィンガーストラップ 1,540 円

中古フィルムカメラ（取説付）22,000 円～

【Fil Artworks】ストラップ各 5,300 円

information

奈良市東向北町 22-1
0742-31-2281
10：00 ～ 18：00
水曜休み
http://www.photogarden.info

近鉄奈良駅 1 番出口より東向北商店街を北へ 1 分
P なし（駐車サービスあり）

ミラーも置いているので、気軽に合わせることができる

キュートな鹿雑貨ならおまかせ

おしゃれな鹿雑貨や小物でおなじみのジュエヌが、２０２３年６月で20周年を迎えるのを機に新しいアイテムやノベルティーを手がけ、さらにパワーアップしています。店には指輪やネックレスといったアクセサリーから、ポストカード、マスキングテープのような文房具まで、数えきれない商品が所狭しと並んでいます。「おみやげものとして狙ってないから続いているのかな」と笑う店主の説田賀予《かよ》さんですが、自分へのおみやげや、ご褒美に買いたい大人の雑貨というのがピッタリです。

現在、奥の座敷を「ジュエヌ別室」として整備し、ぼちぼちオープンしています。大正から昭和のラベルや切手、懐かしい日本のおみやげとして民芸品などを並べています。

値ごろ感のあるものから、ワンランク上の大人のアクセサリーまで多種多様に揃える

きたまち

je êt nous

ジュエヌ

雑貨

オリジナル鹿ミラー（巾着付）1,800 円

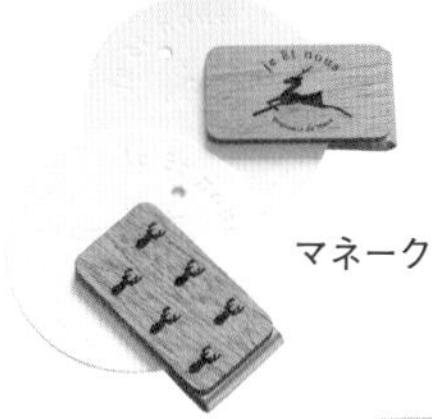

マネークリップ各 2,100 円

近鉄奈良駅１番出口より東へ13 分

P なし

information

奈良市水門町 53
0742-26-1868
11：30 ～ 17：00
月・火曜休み
https://je-et-nous.com

ワンハンドルバッグ（6 色）各 1,800 円～

奈良のかき氷！②

いちじくとほうじ茶のかき氷 1,250円

ほうじ茶シロップをベースにした和テイストのあっさり系。奈良県産のいちじくをトッピング

ナナイロフルウツ (p.46)

ミラコロいちご DX 1,100円

岩井農園からの奈良のブランド苺「古都華」を使用したmiracoloの代表的なメニュー

お庭 shaveice miracolo (p.64)

桜モンブラン 1,300円

桜餡のクリームの上に桜葉クリームと塩漬けの桜の花。もちもちの黒米入りで、桜餅のよう

お庭 shaveice miracolo (p.64)

台湾トロピカル 1,280円

りんごやキウイ、パイナップルなど、色とりどりの果物にマンゴーソースがたっぷり

堀内果実園 (p.34)

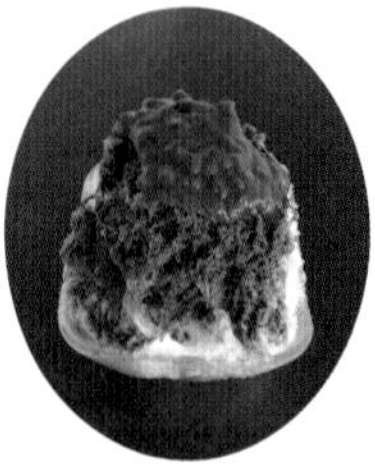

抹茶あずき 850円

濃い抹茶、北海道の小豆を使って丁寧に炊かれた粒あんのハーモニーは、甘味処ならでは

よしの舎 (p.16)

恵那栗の氷 990円

岐阜県恵那市で収穫された恵那栗を贅沢に使用。まろやかでほっこりした栗の甘みが人気

みやけ (p.108)

すだちとハーブとヨーグルト 1,500円

ミントやバタフライピーなどのハーブとすだち、季節の果物を合わせた爽やかなかき氷

Kakigori ほうせき箱 (p.38)

丸ごとすいか 1,980円

すいかを器にして、すいかの果肉をたっぷりトッピング。種のようなチョコチップの食感も◎

堀内果実園 (p.34)

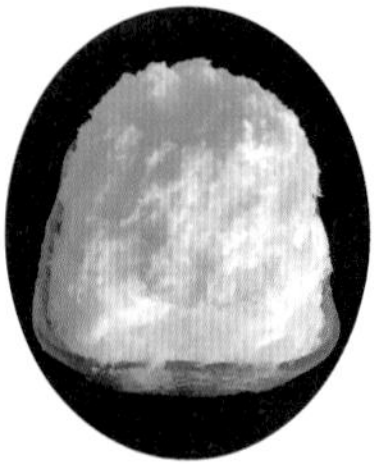

ミルク 650円

シンプルなミルク。ミルクあずき (750円)、白玉 (100円) やミルク (50円) の追加も楽しめる

よしの舎 (p.16)

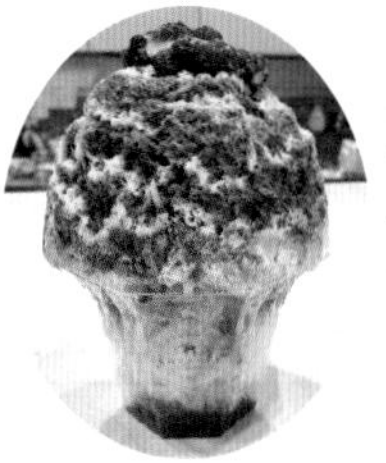

濃厚大和抹茶金時氷 1,000円

奈良の高級抹茶を多用した濃厚な抹茶シロップをかけ、国産大納言小豆をトッピング

柿の葉茶専門店　SOUSUKE by ほうせき箱 (p.88)

奈良市内その他
&
市外

特集 **明日香村**

前のお店の人気メニューをミックスさせた
「環奈の小箱〜抹茶フォンデュ Ver 〜」2,200円

学園前

CAFE Kanna

カフェカンナ

カフェ　スイーツ

日々のライフスタイルの中に大和茶を

　奈良の中心地で人気だった「町屋かふぇ環奈」が、２０２２年10月、学園前の閑静な住宅街に新築移転オープンしました。今までのスタイルから一新してスタイリッシュな雰囲気になったものの、居心地のよさはそのまま。わざわざ目指して行くお店として定着しつつあります。

　新店舗では「地元の方に、もっと大和茶を知っていただき、気軽に楽しんでほしい」と、奈良の抹茶やほうじ茶を使ったメニューを用意。小粒の白玉団子を使ったラテなど、ドリンクだけどスイーツ感覚で楽しめると好評です。「お抹茶」以外のドリンクは、すべてテイクアウトに対応しています。もちろん、前店で人気だった三段重のスイーツ玉手箱「環奈の小箱」も健在。抹茶フォンデュもプラスしてパワーアップしました。ふんわりやさしい味と雰囲気に癒され長居をしてしまいます。

抹茶ラテやほうじ茶ラテは
茶筅で点てて提供

▲▶葉のオブジェが印象的で洗練された店内。ボックス席も好評　▲抹茶好きに人気の「贅沢抹茶プリン」990円　▶小粒白玉を使ったドリンクは抹茶、ほうじ茶、きなこ、おしるこがそろう

あんバターフランス330円

抹茶のテリーヌショコラ462円

生ハムとクリームチーズのオープンサンド495円

menu

環奈特製 鯛だし茶漬け1,320円

◇抹茶ラテ・・・・・・・・・・・・・・605円
◇お抹茶・・・・・・・・・・・・・・550円
◇抹茶のガトーショコラ・・・・・440円
◇グリーンティーフロート・・・・715円

information

奈良市学園南 3-13-30
0742-55-7996
11：30 ～ 17：00　　不定休
全席禁煙　@cafe_kanna

近鉄学園前駅より南へ 10 分
P6 台

檸檬とグレープフルーツのレアチーズケーキS・800円

学園前

宿雨《しゅくう》

カフェ　スイーツ

新たな価値観と出会える空間

気軽にコーヒーやケーキを楽しめるスタンドとして2021年にオープンしました。降り続く雨の意味合いをもつ店名は、音的にも柔らかくて印象的です。コーヒーは、作り手の想いが伝わる京都、滋賀、熊本の焙煎所から違うタイプの豆を仕入れ、ドリップ、エスプレッソ各2種類を提供しています。この店で、苦手だったコーヒーを飲めるようになったお客さんも少なくないそう。

　また、旬のフルーツを使ったチーズケーキは、マンゴー、イチジク、桃など、厳選されたおいしい素材を仕入れて作り、いろいろな食感を楽しめるよう、クッキーやクリームなどで多層になっているのも特徴です。

　コーヒーとのペアリングの提案も好評で、新作が出るたびに訪れるお客さんも多く、常連客の輪がどんどん広がっています。

コーヒー豆は深煎りから
浅煎りまで用意する

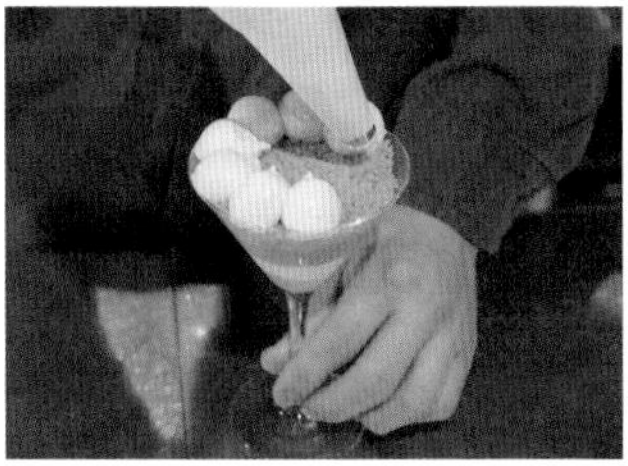

▶▲雨が降るさまや水たまりの波紋をイメージした、定員7名ほどの店内　▲オープンキッチンなので、盛り付けの様子を見ることもできる　▶ドリンクと焼菓子はテイクアウトにも対応

エスプレッソシロップとマスカルポーネ入りのミルキーなカスタードソースで仕上げたかき氷「ティラミス」。1,600円

ブラックココアの
焼きチーズケーキ600円

カフェラテ（H/I）550円

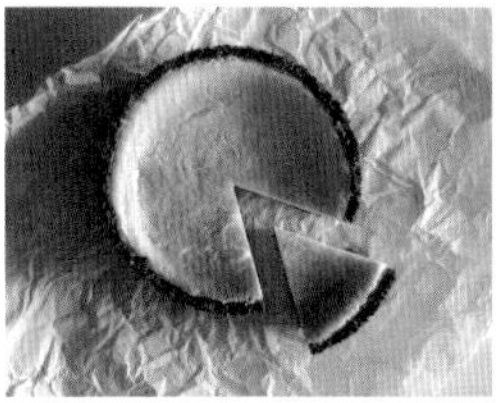

チーズケーキはホールでテイクアウトも。3,000円(要予約)

menu

◇アメリカーノ（H/I）・・・・・・・450円
◇山椒エスプレッソトニック（I）・・600円
◇奈良漬レアチーズケーキ
　～ラムレーズンを添えて～・・・600円

information

奈良市学園北 1-1-11 イヴビル 102 号室
TEL なし
13：00 ～ 20：00（19：30LO）
水・木曜休み、不定休
全席禁煙　@shuku._

近鉄学園前駅より北へ 1 分
P なし

コーヒーやカフェを通して、
いろんな人の背中を押せたらうれしいと話す２人

新大宮

アストラルレイ
コーヒー

カフェ

そっと背中を押してくれるやさしい場所

元保育士の芝田さんと、元高校教師の飯島さんが、いろいろな人の居場所となる空間をつくりたいと開いたコーヒー店。「アストラルレイ」は２人の造語で、星と星をつなぐ星間線のこと。星を人と見立てて、人と人がつながる場所にしたいと名付けました。店内は、あたたかさが感じられる木、コンクリート、金属という、一見異質に見えるものが融合した、おしゃれですっきりとした空間です。

　ハンドドリップで淹れるコーヒーは、8〜10種類の豆を用意。本格派のエスプレッソ、種類が豊富なラテも人気です。砂糖やシロップは、体によい自然のものをチョイス。スイーツはなるべく添加物不使用の素材を使った手づくりにこだわり、スイーツとコーヒーのペアリングも提案しています。心地よい空間、おいしいコーヒーとスイーツで、ほわっと心が軽くなりそうです。

コーヒーを淹れる
飯島さんと芝田さん

▲▶背の低いオリジナルの家具は隣の人と垣根を作らず、自然と会話が生まれることも　▲星空のレアチーズケーキ710円と、カフェラテ650円　▶天使のティラミス890円とコーヒー550円

何個でも食べたくなる
悪魔のツナマヨサンド670円

猫天使クッキー 100円

レモンケーキ、ティグレ、カヌレ、
猫天使クッキーはおみやげにも

menu

◇王道BLTサンド・・・・・・・・1,110円
◇ふわとろハニーフレンチトースト・990円
◇アフォガード・・・・・・・・・・500円～
◇バイオレット（すみれ）ソーダ・・600円

information

奈良市法蓮町 349-1 コーポ一条西 1 階
TEL なし
11：00 ～ 18：00
木曜、第 1・3 水曜休み
全席禁煙　　@astralraycoffee

近鉄新大宮駅より北へ 17 分
P1 台

木のぬくもりの感じられるテーブル、窓から見える庭の緑。
日常を忘れて、心安らぐ時間が過ごせそう

新大宮

くるみの木《くるみのき》

カフェ　スイーツ　雑貨　服

40周年を迎える憧れの老舗カフェ

2023年にオープン40周年を迎える、日本中からファンが訪れるカフェ「くるみの木」。庭には、季節ごとに花が咲き実を結ぶ木々や草花が植えられ、四季の自然を身近に感じることができます。テーブルに飾られた庭の花木や、何気なく置かれた小物に至るまで、店内外のステキな空間には、暮らしを楽しむヒントがいっぱいです。

旬の食材を使った「季節のランチ」は大人気で、予約がベター。11時のみ席の予約も可能です。季節を感じられるケーキやドリンクもおすすめ。また、奈良はもちろん全国の選りすぐりの食にまつわるものがそろう「グローサリー」が併設されていて、実際にカフェで使われているものが購入できることも。衣食住にまつわる暮らしの道具を扱う「カージュ」、着心地のよい衣服や服飾雑貨などが並ぶ「ノワ・ラスール」も、見応えたっぷりです。

ショーケースに並ぶ
色とりどりのケーキ

▲▶おばんざいと混ぜごはんの、体にやさしい季節のランチ1,760円　▲衣服・服飾雑貨を扱う「ノワ・ラスール」(火・水曜休み)　▶ベリーの生クリームケーキ479円と、コーヒー 550円

くるみの木オリジナルジャム
(富有柿、デコポン、古都華)
各756円〜

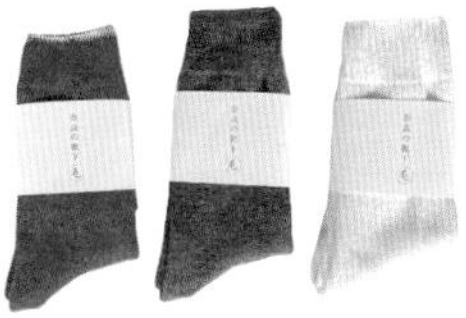

くるみの木オリジナル
奈良の靴下（ウールソックス）
各2,200円

無花果の葉茶1,296円

menu

◇オムライス・・・・・・・・・・・・1,200円
◇4種のきのこドリア・・・・・・・1,100円
◇木苺ジャムのソーダ・・・・・・・660円
◇コーヒー（H・I）・・・・・・・・・550円

information

奈良市法蓮町 567-1
0742-23-8286
11：00 〜 17：00
(食事 15：00LO、喫茶 16：30LO、グローサリーは〜 16：00)
水曜、第 3 火曜休み　(カージュ、ノワ・ラスールは火・水曜休み)
全席禁煙　https://www.kuruminoki.co.jp
近鉄新大宮駅より北へ 15 分
P35 台

チーズケーキはドリンクとセットのみ。
コーヒー＆チーズケーキ1,400円など

生駒

akaiito maison

アカイイト

カフェ　スイーツ

思いを込めた料理＆スイーツに癒される

駅から近くない立地ながら、遠方から訪れるリピーターが多いお店。「健康的な食事を」とオーナーの古川睦子さんが、一つひとつ時間を惜しまず、心を込めて作っています。グルテンフリーランチは、自家製ヨーグルトと果物の酵素で柔らかく仕上げたカラアゲをメインに、低温・長時間蒸しで甘味を引き出したニンジンやカボチャ、ふっくらとした鍋炊き玄米をはじめ、スープやサラダなど、新鮮な旬の素材で、手間暇かけたものばかり。体も心も元気になります。ランチは、カフェタイムセットまでコースで提供。砂糖と小麦粉を最小限にしてオーガニックきび糖を使い、低温で80分じっくりと焼き上げるチーズケーキも堪能できます。

店内は「大人の寛ぎカフェ」のコンセプト通り落ち着いた雰囲気。赤い壁を背景にアンティークチャーチチェアが置かれた「恋が実る席」も話題です。

健康腸活弁当BbB
（前日までに要予約）

▲▶ランチからチーズケーキまで堪能できる、手間暇ランチ＆カフェタイムセット3,000円　▲くつろぎの時間が過ごせる　▶結ばれたカップルが何組もいるという「恋が実る席」

自宅でも漢方チャイが楽しめる。
漢方チャイキット1,500円

チーズケーキのオンライン販売も。詳しくはHP参照

4種類の効能から選べる
漢方チャイ700円

マインドハーブティー
（菊花茶）1,100円

menu

◇コーヒー・・・・・・・・・・・・・650円
◇アールグレイティー・・・・・・・900円
◇昭和の紅茶・・・・・・・・・・・750円
◇手細工花茶・・・・・・・・・・1,500円

information

生駒市俵口町 514　　090-6945-7918
ランチ 12：00 ～ 14：00、カフェ 14：00 ～ 17：00（16：00LO）、日曜は 12：00 ～ 17：00（カフェのみ、16：00LO）
※入店は中学生以上
月・火曜休み　全席禁煙　http://akaiito-cafe.com

近鉄生駒駅北口より<バス>77・82・189 番で北条下車、北へ 3 分。南口より<バス>79・86・96 番で喜里が丘南口下車、南へ 2 分　P4 台

もっちりふわふわ、和三盆のパンケーキ。
お得なモーニング（〜12：00）はドリンク付で550円

富雄

みやけ

カフェ　スイーツ

300年の歴史がある和空間を満喫

明治40年創業の和菓子の老舗「三宅製餡株式会社」がプロデュースする、カフェ「みやけ」。その立派な建物は、大阪の今橋にあった江戸時代の豪商の住まい「鴻池邸表屋」を移築復元したものです。300年の歴史と風格が感じられる空間で、ゆったりと甘味を楽しむことができます。お座敷には座椅子も用意されていて、正座が苦手な人も安心。リラックスして過ごせます。

良質の豆だけを使用して炊き上げる自慢の餡をはじめ、スイーツは全般的に、素材そのものの味を生かすために甘さひかえめ。ぜんざいやあんみつ、定番のみやけセットやパイ大福セットのほか、和素材を忍ばせた特製パフェや夏季のかき氷も行列ができる人気です。敷地内には、テイクアウトのショップもあり、どらやきやオリジナルのクッキーなど、おみやげにしたい和スイーツがいっぱいです。

青々と茂る竹林に向かう
窓際は人気の特等席

▲▶お座敷から竹林や四季の草花が咲く庭が臨める
▲小豆の風味を生かした自慢のあんこで作った、おもちぜんざい680円　▶佃農園の甘いいちごを贅沢に使った、いちごパフェ 1,050円

どらやき（プレーン・栗・桜）
各160円～

クリーム苺大福（ドリンク付）
880円

みやけセット（ドリンク付）980円
お菓子はショップで購入もできる

menu

◇パイ大福セット・・・・・・・・・・・900円
◇生どらセット・・・・・・・・・・・・800円
◇黒蜜きなこパフェ　・・・・・・・900円
◇自家製大和抹茶じぇらーと・・・・450円

information

奈良市鳥見町 1-5-1
0742-51-3008
10：00 ～ 17：30（17：00LO）
日曜休み　　全席禁煙
http://miyake-flagship.com

近鉄富雄駅西出口より西へ 8 分
P30 台

バゲットや食パン、オープンサンドなど 20 ～ 30 種類の自家製天然酵母パンが並ぶ

低温熟成発酵の旨味がしっかり。素材のよさを生かしたパンがいっぱい

西大寺

bakery ＋ arinomamma

ベーカリープラスありのまんま

パン

森で摘むパン屋さん

「パンは〝自然の恵み〟だということを伝えたい、ありのまんまのおいしさを届けたい」という店主の妹尾さん。店内中央のオブジェ、樹齢２００年の枯れたオリーブの木が印象的です。その周りにはミニチュアのパンが並び、森で摘むイメージでパンを選ぶと、レジで本物と交換してもらえます。もちろんショーケースから選んでもＯＫ。パンを持ち帰る際の、籠や容器の持参もおすすめです。

我が子に安心して食べさせたいという思いから、オーガニックの食材で添加物は一切不使用。レーズン・ライ麦・麹の３種類の自家製天然酵母を使い、じっくり３日間かけて仕上げます。デトックス効果のある麻炭入り。あんこなど具材も丁寧に手づくりしています。

酵母スコーン（プレーン・チョコ・シナモンレーズン）250 円～

人気のメロンパン、あんパン、タルティーヌなど

近鉄西大寺駅より南へ 10 分
P2 台

毎月第 1 水曜は
カンパーニュの日

information

奈良市菅原東 1-22-13 メゾンピュア 2　102
0742-77-8893
9：00 ～ 16：00（土曜は～ 17：00）
日～火曜休み
https://arinomamma.com

奈良おみやげチェック！

かわいい缶入り
Naranoshika
こんぺいとう缶
770 円

メモとして使える
NARA× ロールふせん
550 円

鹿柄のマスキングテープ
NARA×Masking Tape
473 円

鹿の水引デザインのポチ袋
贈りたい ぽち袋　275 円

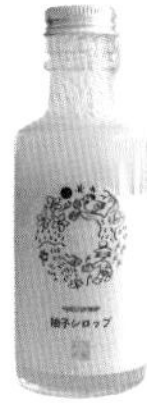

柚子そのままの風味
柚子シロップ　1,000 円

麻 100%の風合いが◎
鹿のしおり　330 円

奈良柄の金太郎飴
大仏あめ（ソーダ味）、
鹿あめ（抹茶味・いちご味）　各 648 円

曽爾村のトマトソース
きのこ当帰、柚子はちみつ、
プレーン　各 750 円

麻生地に奈良らしい柄をプリント
ご朱印帳　3,080 円

曽爾村のクラフトコーラ
大和コーラ　1,728 円

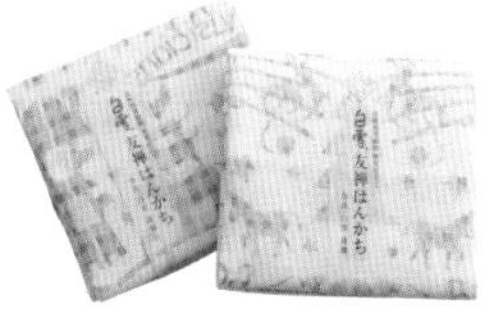

ガーゼのようにやわらかい
白雪友禅はんかち　528 円

鹿の模様がキュート
白雪帆布がまぐち　1,870 円

奈良銘品館　奈良公園バスターミナル店
奈良市登大路町 76　奈良公園バスターミナル内西棟 1 階
0742-24-8101
10:00 ～ 18:30
無休

掲載商品の価格はすべて税込

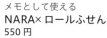

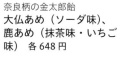

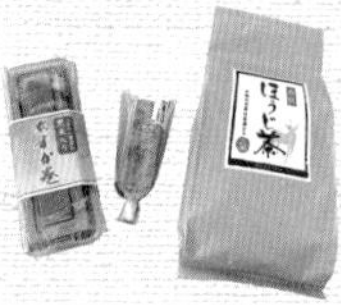

0744-54-3311
9:00 ～ 17:00
無休

特産のイチゴやみかんなどの果物、地元の新鮮野菜、手作りの漬物や菓子類といった商品が豊富にそろっています。明日香のおみやげを買うのにもピッタリです。

あすか夢の楽市

mimo 座雑貨店
p122

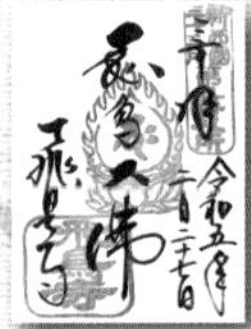

飛鳥寺

蘇我馬子が推古 4（596）年に建てた日本初の本格的寺院。本尊の釈迦如来坐像は、推古天皇が作らせた日本最古の仏像で、「飛鳥大仏」として親しまれています。

0744-54-2126
9:00 ～ 17:15（10 ～ 3 月は～ 16:45）
4/7 ～ 9 休み
拝観料大人 350 円

甘樫丘

珈琲「さんぽ」
p120

La ville ラヴィーユ
～都～ p118

岡寺

天智天皇の勅願により、義淵僧正が開いた寺。本尊は、奈良時代に作られた高さ 4.85m の如意輪観音坐像です。山の傾斜を利用した境内は、花の名所としても有名です。

0744-54-2007
8:30 ～ 17:00（12 ～ 2 月は～ 16:30）
拝観料大人 400 円

亀石

伝統的な町家が連なる岡寺の門前町として発達した ” 岡 ” 地区

café ことだま
p114

石舞台古墳

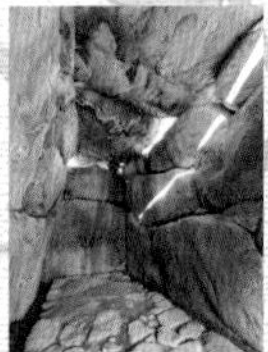

全長約 19m、重さ 77 トン、64 トンの天井石に覆われた日本最大級の横穴式石室で、国の特別史跡に指定されています。蘇我馬子の墓とされ、玄室に入ることもできます。

0744-54-3240（飛鳥観光協会）
8:30 ～ 17:00（2023 年 10 月 1 日から 9:00 ～、受付は～ 16:45）
大人 300 円

明日香村周遊マップ

およそ1400年前には都があり、政治や文化の中心地として栄えた明日香村。歴史ある社寺をはじめ、御陵や史跡など歴史的遺産が点在しています。のどかな村をいにしえに思いを馳せながら巡ってみませんか。風を感じるレンタサイクルや周遊バスで回るのがおすすめです。

飛鳥らしい
ナンバープレート

橿原神宮前駅

近鉄

亀に似ている謎の石造物
長さ3.6m、幅2.1m、高さ1.8mの巨石の下端部に動物の顔面のような彫刻があり亀に似ていることから「亀石」と呼ばれています。

高松塚古墳

亀石

岡寺駅

飛鳥駅前で、明日香村の観光や飲食、宿泊などの案内、手荷物預かりサービスを提供しています。閑散期を除く土・日曜、祝日には、観光ボランティアガイドが常駐し、歴史ガイドもしています。

0744-54-3240（飛鳥観光協会）
8:30～17:00
無休

飛鳥総合案内所「飛鳥びとの館」

高松塚古墳の隣にある壁画館では、「飛鳥美人」の名で有名な女子群像をはじめ、四神、天文図など、発見当初の現状複写壁画を展示しています。

0744-54-334
9:00～17:00（入館は～16:30）
4･7･11･2月の第2月曜休み（祝日を除く）
大人300円

飛鳥駅

Matsuyama Cafe p116

高松塚壁画館

高松塚古墳

↓キトラ古墳

石舞台古墳、高松塚古墳、キトラ古墳、酒船石遺跡の4カ所で、明日香村オリジナルご朱印「飛鳥乃余韻」を販売中です。1枚300円

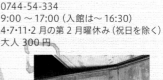

1階2階を合わせ46席ある店内。
テーブル席だけでなくソファ席もある

明日香村

café ことだま

カフェ　雑貨　服　スイーツ

雰囲気抜群で人気の古民家カフェ

築200年の元酒蔵を活用した古民家カフェ。風格ある重厚な造りと風情たっぷりの店内は、いつもお客さんがいっぱいです。もともとは、飛鳥駅付近でオープンし、2015年、オーナーの加藤さんが憧れていたこの建物に移転したそうです。

目当ては2週間で内容が変わる「ことだまランチ」。地元産の野菜をメインに、村内の豆腐屋さんの商品などをふんだんに使った多彩なプレートです。ティータイムは14時から。明日香村特産のイチゴ「あすかルビー」など、季節のフルーツを使ったパフェが一番人気で、生チョコガトーショコラなどの自家製ケーキも好評です。物販スペースの一角にテイクアウト用の焼菓子コーナーを新設。まずは旬のフルーツを使ったオリジナルのドーナツがデビューしました。今後、新しいことだまの名物が続々と登場します。

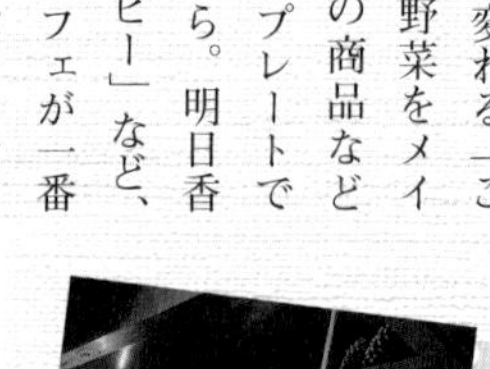

洋服や服飾雑貨を置くコーナーも

▲▶「ことだまランチ」1,700円（ドリンク・スイーツ付）。11:00 ～と11:30 ～のみ予約可　▲物販スペースには、大和茶や八宝茶など奈良みやげになるものをセレクト　▶坪庭が見えるテーブル席も

オリジナルドレッシング
各680円（150ml）

あすかルビーのパフェ
（チョコバージョン）1,450円

レインボーチーズケーキ550円

テイクアウト用の「Clung donuts（くるんドーナツ）」（10種類）各320円

menu

◇珈琲屋ならまちのブレンド(H/I)500円/550円
◇嘉兵衛の倭紅茶・・・・・・・・・550円
◇八宝茶・・・・・・・・・・・・630円

information

高市郡明日香村岡 1223　　0744-54-4010
11：00 ～ 16：30
（土日・祝日は～ 17：30、各 30 分前 LO、物販は 10：00 ～）
火曜、第 3 水曜休み　全席禁煙
https://www.cafe-kotodama.com
近鉄橿原神宮前駅または飛鳥駅より＜明日香周遊バス赤かめ＞島庄下車すぐ
P15 台

水道、給排水、電気工事以外は、ほぼ松本さんが手がけた内装

明日香村

Matsuyama Cafe

マツヤマカフェ

カフェ　スイーツ

落ち着いたおしゃれ空間で過ごす至福の時間

近鉄飛鳥駅からすぐの場所にあるお店。あるカフェのオープニングスタッフとして約7年働いた店主の松本昌さん。それが自分のお店を持つきっかけになりました。店の前に置かれた松の盆栽や、松をモチーフにした店のロゴマークにもセンスを感じます。

築80年の倉庫だった建物をほぼセルフリノベーションした店内は、開放的でおしゃれな雰囲気。DIYしたり古道具屋で調達したり、テーブルや椅子など、調度品がお店の雰囲気にほどよくなじんでいます。松本さんが一番大事にしているのは月替わりランチです。明日香村の旬の野菜をたっぷり使った彩り豊かなワンプレートで、メインは2種類からセレクトできます。自家製ケーキも6種類あり、大和郡山「K-COFFEE」の豆を使ったコーヒーや自家製レモネードなどと一緒に楽しめます。

明日香生まれで明日香育ち。
地元愛も強い店主

▲▶ワンプレートに盛られた「月替わりランチ」1,500円（ドリンク付）▲古民家の梁として使われていた古材を製材したカウンター　▶それぞれにお気に入りの席があるそう

フレッシュいちごのタルト
（季節限定）580円

自家製レモネード
（ソーダ）500円

レモンチーズケーキ420円

menu

季節のマフィン　400円

◇オリジナルブレンド・・・・・・・450円
◇自家製ジンジャーエール
（ホット/ソーダ）450円/500円
◇黒糖バナナケーキ・・・・・・・・420円

information

高市郡明日香村越 2-1-1
0744-35-1003
11：00 ～ 17：00（土日・祝日は～ 18：00、各 30 分前 LO）
水曜、第 2・3 火曜休み（祝日は営業）　全席禁煙
https://matsuyamacafe.jp

近鉄飛鳥駅より北へ 1 分
P4 台

12～5、6月頃まで提供する
明日香村産イチゴを使った
「苺のパフェ」1,200円

明日香村

La ville
ラヴィーユ
～都～

ラヴィーユみやこ

カフェ　スイーツ

奈良食材を多用した洋風ナチュラルカフェ

岡寺の参道入口に、2021年にオープンしたカフェ。元々は、明日香村が募集したチャレンジショップとして2019年に開業し、グランドオープンに合わせて今の場所に移転しました。オーナーシェフの秋山都充《さとみ》さんは、フレンチの専門学校で料理と経営のノウハウを学び、フレンチの要素を取り入れた洋食とスイーツを提供しています。

一番大切にしているのは地産地消。食材は一切妥協せず、明日香村産を中心に旬の無添加素材を多用しています。イチゴ、イチジク、桃など契約農家から直送の、新鮮な季節のフルーツを惜しみなく使ったパフェが大人気で、わざわざ遠方から訪れるお客さんも多いとか。そのほか、ケーキは約10種類が並び、一番人気のカヌレは店の前の自販機でも販売していて、こちらも好評です。

パフェは、中に入れる
クッキーやムースまで自家製

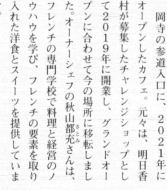

▲▶ドライフラワーを飾った、かわいらしい雰囲気の店内
▲一枚板のテーブルもステキなカウンター席　▶ケーキはショーケースに約10種類が並び、台湾カステラ、クッキーなど3種類が通年商品

カヌレ大350円、中180円、小2個250円。小中は自販機でも販売

完全オリジナルの自販機で人気の焼菓子を販売

濃厚ガトーショコラ420円（イートイン）

国産和牛A4ランク以上を使った「自家製ローストビーフ丼」は大人気。単品1,300円

menu

◇和栗モンブランパフェ・・・・・1,250円
◇台湾カステラ・・・300円（イートイン）
280円（テイクアウト）
◇自家製ミートドリア（サラダ付）980円

information

高市郡明日香村岡 1156
0744-55-5867
11：00～17：00（16：30LO）
木曜、第２・４水曜休み
https://www.laville-miyako.com
近鉄橿原神宮前駅または飛鳥駅より＜明日香周遊バス赤かめ＞岡寺前下車すぐ
P20 台

店内は14のテーブル席があり、屋外席は、ワンちゃん連れに限り応相談

明日香村

珈琲「さんぽ」

こーひーさんぽ

カフェ　雑貨

のどかな景色とおいしいコーヒーで満悦

昭和初期の建物をリノベーションしたお店。明日香村ののどかな風景を見渡せる大きな窓が印象的です。天気がいい日には、この窓をフルオープンにするので、心地よい風を肌で感じることができます。

店主の小田泰幸さんの祖父母が明日香村在住だったことが縁で、関東から移住して自家焙煎コーヒーの店を始めたのが２００９年のことでした。ガラス作家である奥さまの小田珠生さんの硝子工房「さんぽ」も併設し、店内にも作品が置かれています。

コーヒーは、スペシャルティコーヒーをベースにしてミルクや砂糖を入れなくても飲みやすいのが特徴。フルーツケーキやバナナケーキなど8種類ほど用意するスイーツとの相性も抜群です。ランチタイム（11～15時）の「海南鶏飯」と「鶏のカレーライス」は、どちらも人気なので、予約が確実です。

店内にガラス作家・小田珠生さんの作品が並ぶ

▲▶マレーシアの「海南鶏飯（ハイナンキチンライス）」セット（鶏野菜スープ、杏仁豆腐、コーヒー付）▲オリジナルのカップなど器は作家物や民芸物を使う　▶店内に置かれた3kg対応の焙煎機

コーヒーは「さんぽブレンド」ほかシングルを5種類用意。500円〜

赤米シフォンケーキ500円

鶏のカレーライスセット

フレンチトースト660円

menu

◇コーヒー各種・・・・・・・・・500円〜
◇海南鶏飯セット
（鶏野菜スープ、杏仁豆腐、コーヒー付）1,480円
◇鶏のカレーライスセット
（サラダ、杏仁豆腐、コーヒー付）1,480円

information

高市郡明日香村岡 55-4
0744-41-6115
11：00〜17：00（16：00LO）
木・金曜休み　全席禁煙
https://coffee3po.exblog.jp
近鉄橿原神宮前駅または飛鳥駅より＜明日香周遊バス赤かめ＞岡戎前または岡橋本下車２分
P5 台

築140年を超える明治時代の建物をリノベーションした空間

お茶が飲めるカウンターも設置

明日香村

mimo座 雑貨店

みもざざっかてん

雑貨

奈良のいいものが並ぶ癒し空間

イタリアには、3月8日の「ミモザの日」に男性が女性に旬のミモザを贈る風習があり、その日はミモザを抱えた男性であふれかえるそう。そんな風に人が集ってにぎやかな空間になったらいいなと名付けたお店です。店主である石井さんの実家の納屋だった建物を活用して、直感で選んだ生活雑貨と気の利いた奈良みやげを置いています。

奈良の和紡布を使ったミトンや健康タオル、大和高田の靴下、古墳型の商品、明日香の遺跡モチーフのTシャツなど、奈良に関わるものをいろいろ取りそろえています。アートを通じてさまざまな活動をしている「たんぽぽの家」からの商品も感性豊かです。石井さんとの会話も楽しく、ゆっくりお気に入りの品を選べます。

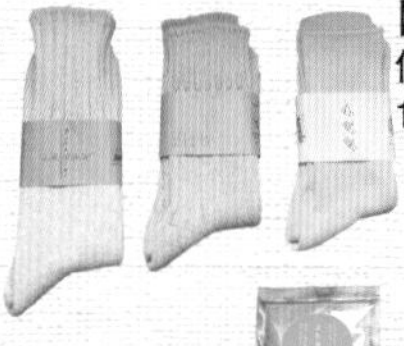

【Saredo】落ち綿を使ったソックス 1,430円〜

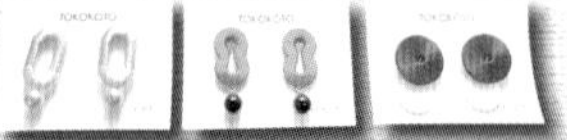

【TOKOKOTO】シルクの糸で作ったアクセサリー 4,620円〜

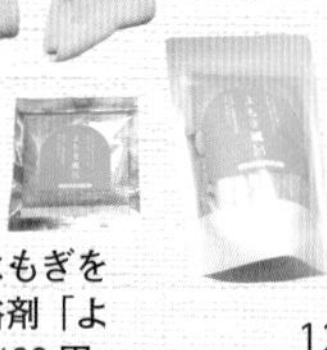

東吉野産のよもぎを使用した入浴剤「よもぎ風呂」1,100円。お試し用220円

information

高市郡明日香村飛鳥694
TEL なし
12：00〜16：30（土日・祝日は11：00〜）
月・火・金曜（祝日は営業）、臨時休業あり
※営業日はSNSで要確認　@asuka_mimoza_zakka

近鉄橿原神宮前駅または飛鳥駅より＜明日香周遊バス赤かめ＞飛鳥大仏下車2分　P2台

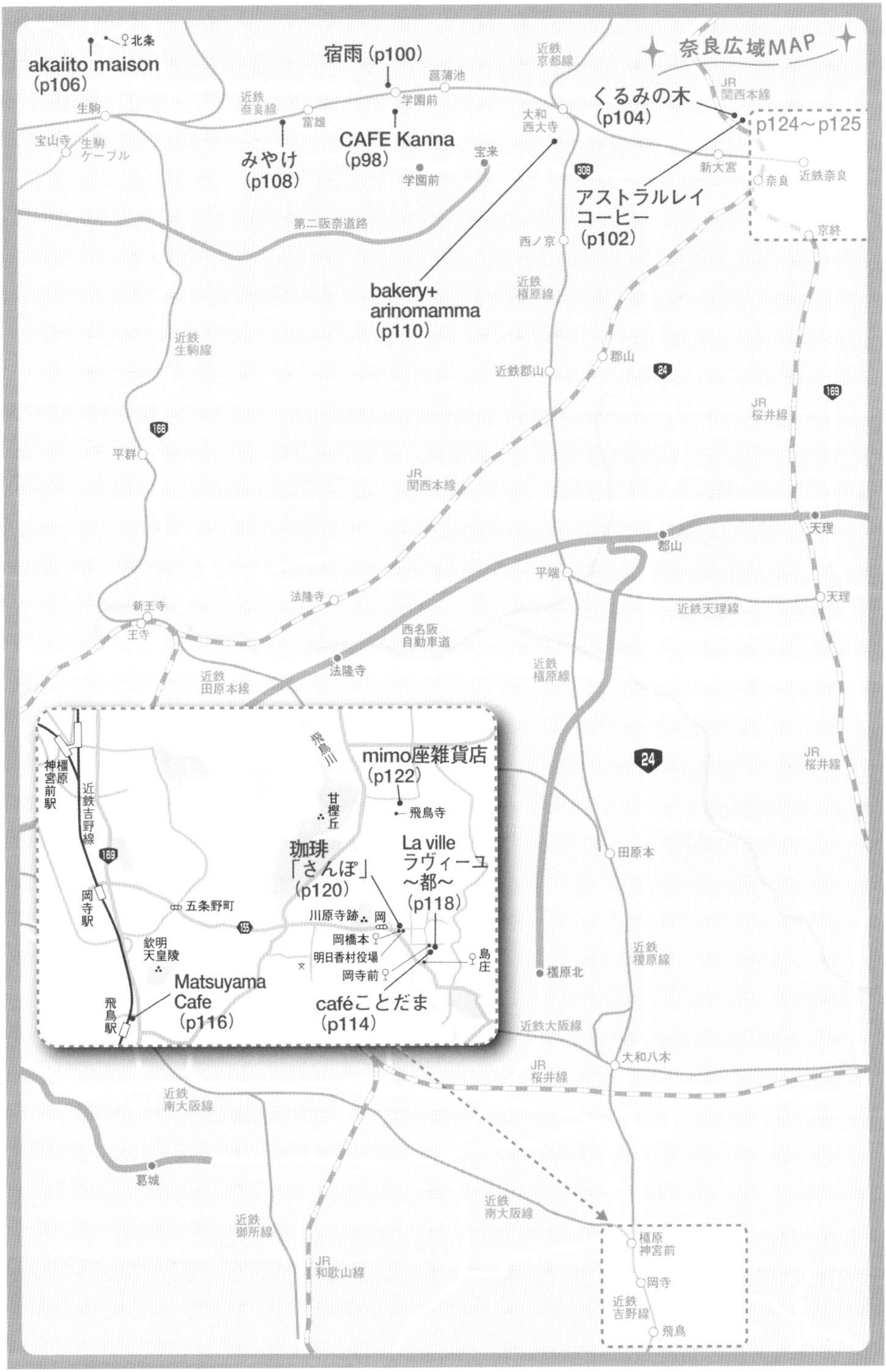
奈良広域MAP
北条
akaiito maison
(p106)
宿雨 (p100)
菖蒲池
学園前
近鉄
奈良線
生駒
富雄
宝山寺
生駒
ケーブル
みやけ
(p108)
CAFE Kanna
(p98)
学園前
宝来
近鉄
京都線
大和
西大寺
JR
関西本線
くるみの木
(p104)
p124〜p125
新大宮
近鉄奈良
奈良
308
アストラルレイ
コーヒー
(p102)
第二阪奈道路
西ノ京
京終
近鉄
橿原線
bakery+
arinomamma
(p110)
近鉄
生駒線
郡山
近鉄郡山
24
169
JR
桜井線
168
平群
JR
関西本線
天理
郡山
平端
天理
近鉄天理線
新王寺
王寺
法隆寺
西名阪
自動車道
法隆寺
近鉄
田原本線
近鉄
橿原線
24
JR
桜井線
橿原神宮前駅
近鉄吉野線
飛鳥川
mimo座雑貨店
(p122)
飛鳥寺
甘樫丘
169
珈琲
「さんぽ」
(p120)
La ville
ラヴィーユ
〜都〜
(p118)
五条野町
155
川原寺跡
岡
岡橋本
明日香村役場
岡寺前
島庄
岡寺駅
欽明
天皇陵
Matsuyama
Cafe
(p116)
飛鳥駅
caféことだま
(p114)
田原本
橿原北
近鉄
橿原線
近鉄大阪線
大和八木
JR
桜井線
近鉄
南大阪線
葛城
近鉄
南大阪線
近鉄
御所線
JR
和歌山線
橿原
神宮前
岡寺
近鉄
吉野線
飛鳥

正倉院
東大寺
54
依水園
氷室神社
大仏殿
29
高畑町
志賀直哉旧居
破石町
31
37
30
新薬師寺
高畑町
奈良教育大
32
35

奈良市中心部
法蓮仲町
法蓮仲町
104
転害門前
今小路
焼門前
奈良女子大
奈良県立大
初宮神社
369
登大路町
奈良県庁
船橋商店街
やすらぎの道
東向北商店街
油阪
今辻子
高天
近鉄奈良駅
近鉄奈良線
県庁東
JR関西本線
小西さくら通り商店街
東向商店街
興福寺
三条通り
もちいどのセンター街
猿沢池
169
奈良駅
椿井小
下御門商店街
ならまち大通り
元興寺
福智院北
福智院町
奈良町資料館
十輪院
紀寺
田中町
八軒町東
JR桜井線
京終駅

INDEX

取材・撮影
磯本歌見
砂野加代子
安田良子

デザイン・DTP
益田美穂子（open!sesame）
山本瑞穂

地図
松田三樹子

編集
OFFICE あんぐる

取材にご協力いただきました各店のみなさまに
お礼を申し上げます。

奈良 こだわりのカフェ&お店案内
カフェ・パン・スイーツ・雑貨たち

2023年4月30日　第1版・第1刷発行

著　者　あんぐる
発行者　株式会社メイツユニバーサルコンテンツ
　　　　代表者　大羽　孝志
　　　　〒102-0093 東京都千代田区平河町一丁目1-8
印　刷　シナノ印刷株式会社

◎『メイツ出版』は当社の商標です。

ご意見・ご感想はホームページから承っております
ウェブサイト　https://www.mates-publishing.co.jp/

編集長：堀明研斗　企画担当：清岡香奈